KB048759

장자를
거닐다

딱지책 004

장자를

가파도에서 만난 고전의 지혜 33편

김경윤 씀

건너다

단비
danbi

가파도에서 같이 살고 있는
고양이 감자, 카레, 미니에게

벽돌처럼 두꺼운 《장자》를 통째로 읽기는 웬만한 결심이
아니면 어렵습니다. 그래서 많은 독자가 《장자》 내편 7편
을 읽는 것으로 만족합니다. 그런데 장자의 이야기는 내편
에서 끝나는 것이 아닙니다. 외편과 잡편을 포함한 33편
전체에 걸쳐 장자의 무궁무진한 이야기가 펼쳐집니다. 흥
미진진하고 짜릿하고 아찔하고 박장대소할 장자의 이야
기를 소개하고 싶었습니다. 그래서 기획한 것이 《장자를
거닐다》입니다.

기획한 것을 브런치에 연재하기 시작한 것이 2022년 7월 19일이었습니다. 일주일에 한 편씩 연재하여 33주, 8개월 이면 완성되는 프로젝트였습니다. 그런데 2023년 1월에 연재가 중단되었습니다. 그리고 2024년 3월에 다시 시작합니다. 이후 하루에 한 편씩 연재해서 그달에 연재를 마쳤습니다. 이렇게 쉽게 끝낼 수 있었는데, 다시 연재를 시작하기까지 1년 넘는 기간이 비어 있습니다. 무슨 일이 있었던 걸까요?

《장자를 거닐다》 연재만 멈춘 것이 아닙니다. 아무리 다짐하며 용을 써도 글이 써지지 않았습니다. 글을 써 봐야 무슨 소용이 있나, 마음이 점점 어두워졌습니다. 인생 최고의 고비, 슬럼프에 빠진 것입니다. 코로나로 인해 생긴 파도가 점점 커져 거대한 해일이 되어 나를 덮친 것입니다. 정성 들여 벽돌집을 만든 줄 알았는데, 벽돌집이 아니라 모래성이었습니다. 10년 넘게 운영했던 작은도서관의 문을 닫았습니다. 계약했던 모든 책도 안개처럼 사라졌습니다. 슬럼프가 아니라고 고개를 흔들어 봐야 소용없었습니다.

닥치고 전진하는 것만이 능사가 아니었습니다. 상처 입은 동물이 동굴을 찾듯, 몸과 마음을 다친 인간은 쉼과 치유가 필요합니다. 이전의 삶을 모두 내려놓고 가파도로 내려왔습니다. 글을 쓰려고 내려온 것이 아니었습니다. 가파도 매표소 직원으로 취직해 일상적인 밥벌이를 마련했습니다. 파도와 바람, 갈매기와 고양이를 만났습니다. 그것들이 나를 쉬게 했습니다. 아주 평범한 삶을 선택했습니다. 하루 세끼 밥 챙겨 먹고, 하루 한 시간 이상 걷고, 하루 6시간 이상을 푹 잤습니다. 자전거를 얻어 자전거를 타고 출퇴근을 했습니다.

그러다 보니 자연스럽게 글이 써지기 시작했습니다. 일기부터 쓰기 시작했습니다. 책도 자연스럽게 읽을 수 있었습니다. 그렇게 지낸 지 3개월, 몸과 마음이 회복되었습니다. 멈췄던 연재를 시작했습니다. 봇물처럼 글이 쏟아져 나왔습니다. 슬럼프에서 벗어난 것입니다.

연재를 끝내고 지난 글을 다시 천천히 읽기 시작합니다. 나의 과거가 슬라이드처럼 펼쳐집니다. 무엇에 그리 쫓기고 살았는지, 무엇에 그리 얽매여 살았는지, 무엇에 그리 갇혀 살았는지 자연스럽게 떠오릅니다. 그리고 그 속에서 애쓰며 몸부림치는 제가 보입니다. 어두움에서 벗어나려 그림자와 경주했던 제 모습이 보입니다. 그림자와의 경주는 결코 이길 수 없습니다. 그림자가 바로 제 모습이기 때문입니다. 그늘에 들어가야 그림자도 저도 쉴 수 있었습니다. 가파도는 저에게 그런 그늘이 되어 주었습니다. 장자의 이야기를 연재하다가 '그림자의 비유'를 읽고 가슴이 먹먹해졌습니다. 나도 모르는 사이에 어두운 나에게서 벗어나려고 애면글면하던 내 과거의 모습이 떠올랐습니다. 내가 나를 해치고 있었던 것입니다.

말[馬]은 명마가 되기 위해 태어난 것이 아닙니다. 자유롭게 풀을 뜯고 달리고 쉬고 짝짓고 사랑하며 살려고 태어난 것입니다. 천천히 걷기도 하고, 빠르게 질주하기도 하면서 자연스럽게 살아가면 됩니다. 그런데 사람들은 그 말을 잡아다가 경주마로 길들입니다. 평생을 질주하는 말로 훈련시킵니다. 경주마는 자신의 운명이 그런 거라 생각할지 모릅니다. 하지만 그것은 거짓! 말은 달리기 위해 태어난 것이 아닙니다.
평생을 경주마로 훈련되다 보니 달리기만 했던 내가 떠올랐습니다. 이제는 경주 트랙에서 벗어나 광야로 가야겠습니다. 편안히 누워 쉬기도 하고, 천천히 풀 뜯으며 풍경을 즐기기도 하고, 심심하면 빠르게 달려 보기도 하고, 주변에 좋은 짝을 찾아보기도 하면서 자유롭게 살아야겠습니다. 그래도 됩니다.

장자가 그렇게 살았습니다. 어디에 얽매여 있지도, 남들을 위해 질주하지도, 높은 곳에 오르고자 남들을 짓밟지도 않았습니다. 인생이 불안하여 많은 것을 축적하지도, 남의 것을 빼앗지도 않았습니다. 사랑도 명예도 이름도 남김 없이 자유롭게 살았습니다. 인생을 소풍처럼 즐기며 살았습니다. 여러분에게 이 멋진 장자를 소개할 수 있어서 다행입니다. 여러분도 자유를 즐길 자격이 충분히 있습니다.

2024년 가을 가파도에서
김경윤

차례

1부

내편內篇

장자의 핵심

그 무엇에도 갇히지 말라

- 1편 〈소요유逍遙遊〉

자기를 버린 사람, 지극한 사람 [至人無己]

공적을 떠난 사람, 신령한 사람 [神人無功]

명예를 벗어난 사람, 거룩한 사람 [聖人無名]

어딘가에 갇혀 본 적이 있나요? 예를 들면 어린 시절 장
롱이라든지, 화장실이라든지 창고라든가 뭐 이런 곳에
말입니다. 갇혀 있다는 것은 갇힌 공간의 크기도 문제지
만 갇혔다는 생각이 주는 공포는 더 큰 문제가 됩니다.
폐소공포증(閉所恐怖症 Claustrophobia)에 걸릴 수도 있습니

다. 잠시 갇혀 있어도 무서운데 장기간 갇혀 있다면 그 공포가 장난이 아니겠지요. 감옥을 경험해 본 사람이라면, 특히 독방에 갇혀 본 경험이 있는 사람이라면, 거기서 오는 공포와 무기력은 가히 상상을 넘어선다는 것을 아실 겁니다.

자신은 갇힌 적이 없어서 다행이라고 생각할 수도 있습니다. 정말 그럴까요? 갇힌 곳이 너무 넓고 커서 모르는 것일 수도 있습니다. 국가와 민족에 갇힐 수도 있고요. 사상과 관념에 갇힐 수도 있습니다. 사피엔스는 부족 본능이 특화된 종이라서 같은 종족에게는 턱없이 친절하면서도 다른 종족에게는 까닭 없는 잔인함으로 대하기도 합니다. 나라가 다르다는 이유로, 종교가 다르다는 이유로, 민족이 다르다는 이유로, 피부색이 다르다는 이유로, 성별이 다르다는 이유로 사피엔스는 상상을 불허하는 폭력을 행사할 수도 있습니다.

갇힌다는 것은 제약이 있다는 것이고, 제약이 있으면 부자유스럽습니다. 자유롭지 않으니 어색하고 편안하지 않습니다. 편안하지 않으니 괴롭습니다. 생각도, 말도, 행동도 모두 편안하지 않기에 삶이 불안하고 관계도 삐그덕거립니다. 갇혀 있기에 생겨나는 일들인데, 사람들은 갇혀 있다는 사실을 모른 채 모두 자기의 잘못이라고 자학하거나, 남 탓을 하며 타인을 증오합니다.

물고기 한 마리가 있습니다. 피라미라고 상상해 봅시다. 작은 어항이라면 답답하겠지만 바다에 풀어놓으면 바다에 갇혀 있다는 생각을 못 할 겁니다. 너무 크니까요. 그런데 몸의 길이가 수천 리쯤 되는 물고기라면 어떨까요? 꼬리질 몇 번에 한국과 중국의 해변을 찍게 된다면 분명 갇혀 있다는 사실에 답답할 겁니다. 어쩌면 좋을까요? 바다보다 더 크고 넓은 곳이 있다면 하늘이 있습니다. 바다에서 놀지 못한다면 하늘에서 놀아야지요. 그래서 거대한 새[鵬]로 변신합니다.

화이위조(化而爲鳥), 물고기가 변하여 새가 됩니다. 《장자》에 처음 등장하는 에피소드입니다. 이처럼 장자 1편 〈소요유〉에는 갇힌 존재와 풀린 존재의 대비로 찬란합니다. 물고기 곤(鯤)과 새 붕(鵬), 나라에 갇힌 요임금과 나라에서 벗어난 허유(또는 막고야산에 사는 네 명의 스승), 송나라의 모자 장수와 머리카락이 없는 월나라 사람, 박씨의 쓸모에 갇혀 있는 혜자와 쓸모에서 벗어난 장자, 조상대대로 물려받은 비법을 가업에만 쓰는 사람과 나랏일에 적용해서 쓰는 사람, 이런 사람들을 등장시켜 장자가 하고 싶은 이야기는 바로 진정으로 자유를 원한다면 삶이든 생각이든 행동이든 갇혀 있으면 안 된다는 겁니다.

문명인은 억지로 세상을 만들어 그 세상에 자신을 가둡니다. 자신만 가둘 뿐 아니라 남들도 그 감옥에 밀어 넣습니다. 그러나 자유인은 스스로 그러할 뿐, 억지로 꾸미거나 만들지 않습니다. 자유인은 갇혀 있지 않습니다. 명예나 공적, 지위나 권세, 심지어는 자기라는 감옥을 벗어던지고 대자연의 흐름과 하나가 되어 모든 흐름의 변화에 접속하면서 끝없이 놀 수 있습니다. 감옥에서 벗어나고 경계를 허물고, 담 없는 마을[無何有之鄕]에서 노는 사람, 장자!

하늘의 소리를 듣는 사람

– 2편 〈제물론齊物論〉

옳음 때문에 틀림이 있고 [因是因非]

틀림 때문에 옳음이 있다. [因非因是]

따라서 성인은 옳고 그름을 떠나 [是以聖人不由]

하늘에 이를 비추어 본다. [而照之於天]

'있는 그대로 긍정'한다. [亦因是也]

나는 누구인가? 이러한 질문에 대한 답은 무한에 가깝습니다. 남자, 한국인, 중년, 가족의 아빠, 작가, 인문학자….
이런 짤막한 답은 아주 짧은 기간에만 부분적으로 맞는

답입니다. 시간이 흐르거나 조건이 바뀌면 언제든지 변할 수 있는 것을 정답이라 할 수는 없습니다. 불교에서는 "부모님에게서 태어나기 전에 너는 무엇인가?" 하는 질문이 있습니다. 인간이라는 몸을 입기 전에 내 모습을 상상하기 어렵습니다.

나의 근원을 굳이 따져 묻는다면 칼 세이건의 말에 고개가 끄덕여집니다. "우리의 DNA를 이루는 질소, 치아를 구성하는 칼슘, 혈액의 주요성분인 철, 애플파이에 들어 있는 탄소 등의 원자 알갱이 하나하나가 모조리 별의 내부에서 합성됐다. 그러므로 우리는 별의 자녀들이다." 우리는 별에서 왔습니다. 부모에게서 태어나기 전 우리는 별이 만들어 낸 화학물입니다. 거기에 칼 세이건은 유머 한 스푼을 추가합니다. "헤럴드 모로위츠가 한때 재미있는 계산을 한 적이 있다. 사람 한 명을 구성하는 데 필요한 각종 분자 물질을 화공 약품 가게에서 구입하려면 돈이 얼마나 드나 알아봤더니 약 1,000만 달러(120억 원)라는 계산이 나왔다. 내 몸값이 이 정도 나간다니 기분이 약간은 좋다."

불교에서는 모든 존재를 상호의존적이고 가합(假合)적인

것으로 여겼습니다. 이러한 생각에 동의한다면 존재의 경계가 무척 희미해집니다. 나는 공기를 마시고, 식물과 동물을 먹으며, 다른 사람이 노동한 결과물에 의존하고, 하늘을 이고 땅에 기대어 살고 있습니다. 나라는 개체는 결코 자기완결적이지 않습니다. 나는 일시적이고, 열린 존재의 모습을 가지고 있을 뿐입니다. 나는 공기-나이고, 식물-나이며, 동물-나이고, 하늘-나이고, 땅-나입니다. 또한 그 모든 것이 아닐 수 있습니다. 불교적으로는 '무아(無我)'이며, 비상비비상(非常非非常)이고, 색즉시공(色卽是空)이며 공즉시색(空卽是色)입니다. 그러니까 나 아니라고 말할 것도, 나라고 말할 것도 없습니다.

장자의 책 2편인 〈제물론〉은 스승인 남곽자기와 제자 안성자유의 대화로 시작합니다. 어느 날 제자가 스승의 모습을 보니 이전과는 판연히 달라 보입니다. 뭔가 생기가 없어 보이고 마른나무 장작 같은 상태처럼 보입니다. (하지만 이는 노화 현상이 아닙니다. 수행의 결과입니다.) 스승은 제자의 안목을 칭찬하며, 자신은 '오상아(吾喪我)' 즉 자기 자신을 잃어버린 경지에 도달했다고 말합니다. 불교에서 말하는 무아의 경지와 유사하달까요.

그 경지에 도달한 사람은 어떻게 변할까요? 무엇보다 인식의 지평이 확대됩니다. 좁은 세계에서 넓은 세계로! 인간의 세계에서 자연의 세계로! 스승인 남곽자기의 표현에 따르면 '사람의 피리 소리'를 듣는 단계에서 '땅의 피리 소리'뿐만 아니라 '하늘의 피리 소리'를 들을 수 있는 경지로 변화합니다. 인간이 볼 수 있는 세상은 가시광선 안쪽입니다. 빛의 세상에서 아주 일부분일 뿐이지요. 또한 인간이 들을 수 있는 소리도 가청 영역 안쪽입니다. 저주파나 초단파는 결코 들을 수 없습니다. 자신이 보거나 듣거나 경험한 세상이 다이고, 그것이 옳다고 생각하는 것만큼 단견(短見)은 없을 것입니다. 스승은 지금 나와 너, 내아(內我)와 외물(外物)의 구분이 사라지고 둘이 통일된 마음 상태에 이른 것입니다. 이를 주객합일된 마음의 경지라 합니다.

그러한 경지에 도달한 사람은 자신의 눈에서 나온 빛으로 세상을 보는 것이 아니라 하늘의 빛에 비추어 세상을 보는 조지어천(照之於天)의 시선을 갖게 됩니다. 〈제물론〉에 뒤따르는 에피소드는 조삼모사(朝三暮四) 이야기입니다. 인간(주인)과 원숭이가 서로를 비추며 이전과는 다른 새로운 방식으로 만납니다. 이를 장자는 '사물을 그대로 봄[因是]'이라 하고, 만물이 평등한 하늘의 저울[天鈞]이라 하며, 두 길을 함께 걸음[兩行]이라 합니다.

이처럼 장자의 세계는 경계도 이름도 없는 하늘의 시선이고, 은은한 빛의 시선이지요. 마치 노자가 이야기한 은은한 빛으로 먼지와 하나가 되는 화광동진(和光同塵)의 세계입니다.

아테네 광장에서 개처럼 남루한 생활을 했던 이방인 철학자 디오게네스에게 아테네 원주민들이 그의 출신을 묻자, 디오게네스는 이렇게 대답했다고 합니다. "나는 세계시민이다." '코스모폴리탄'이라는 말을 최초로 했던 철학자가 바로 디오게네스입니다. 국적이나 출신을 묻는 사람에게 그 상위개념을 말함으로 인식의 전환을 요구했던 것이지요. 땅에는 경계가 있지만, 하늘에는 경계가 없습니다. 지역과 나라와 종교와 이념으로 그려진 지도는 땅에 속합니다. 하늘에 속한 사람은 이 모든 경계를 허물고, 자신의 앎을 지우고, 하늘의 밝음을 찾습니다. 잘 모르겠다고요. 모르겠다는 앎으로, 웅변보다 침묵으로, 우리 바깥에 있는 소리를 들어 보시기 바랍니다. 여러분은 어디에 속해 있습니까? 어디에서 오는 소리가 들리십니까?

삶을 보살피는 방법

어쩌다 때를 만나 태어나고 [適來夫子時也]
어쩌다 때가 다해 세상을 떠나네. [適去夫子順也]
어느 때든 편안하게, 어느 곳이든 순리대로 살면 [安時而處順]
슬픔도 즐거움도 끼어들지 못하네. [哀樂不能入也]

영국의 시인 엘리엇의 시 〈황무지〉는 이렇게 시작합니다.
"나는 쿠마에라는 곳에서 내 눈으로 직접 무녀를 보았소.
그녀는 새장 안에 매달려 있었는데, 그녀를 구경하던 소
년들이 '너는 무엇을 원하니?'라고 묻자 '나는 죽고 싶다'

라고 대답하더이다." 사연인즉 이렇습니다. 한 무녀가 신에게 영원히 살게 해 달라고 빌었습니다. 신은 그녀의 소원을 들어주었지요. 그런데 무녀의 소원에는 중요한 조건 하나가 빠져 있었습니다. '늙지 않고!' 그 뒤 무녀는 죽지도 못하고 계속 늙어 갑니다. 그렇게 세월이 흐르자 점점 몸이 쪼그라들어 이제는 새장에 갇히는 신세가 되었지요. 이제 영원히 사는 것은 축복이 아니라 저주가 되었습니다.

누구나 잘 태어나 잘 먹고 잘 살다가 잘 돌아가기를 바랍니다. '잘'에 대한 해석에 따라 삶의 모습이 달라지긴 하겠네요. 자본주의 사회의 최고의 가치인 부(富)를 기준으로 말하자면, 금수저를 물고 태어나 죽을 때도 금수저를 문 채로 죽기를 바라겠지요. 다다익선(多多益善)이라고 금수저가 많으면 많을수록 더 잘 사는 것이라 생각할 수도 있겠네요. 무한 성장과 무한 증식의 욕망은 맹목의 바이러스처럼 우리의 삶을 지배하고 있습니다. 더 높이, 더 오래, 더 많이! 더더욱 많이!

아, 하나가 더 있네요. 일하지 않고! 편안하게! 얼마 전 한 은행 광고를 보며 기함(氣陷)을 한 적이 있습니다. "우리는 모두 부자가 될 권리가 있다"라고 말하며 "내가 일하면 근로자, 돈이 일하게 하면 투자자"라고 꼬드깁니다. 일하는 노동자를 조롱합니다. 하긴 초등학생에게 장래 희망을 말해 보라 했더니 '건물주'라고 대답했다는 얘기를 듣고 쓴웃음을 지었던 적이 있습니다. 불로소득(不勞所得)으로 살아가는 것이 꿈인 사회에서 노동하는 사람들은 점점 비참해질 수밖에 없습니다. 정말 이렇게 삶은 비참한 것일까요?

장자의 3편 〈양생주〉는 말 그대로 삶을 보살피는 '양생(養生)'의 방법을 이야기하고 있습니다. 순서를 따라 읽다 보면 '연독(緣督)'이라는 단어에서 잠시 멈추게 됩니다. 영어로는 가운데를 따르라는 뜻의 'Follow the middle'로 해석이 됩니다. 앎에 대한 과도한 욕구와 선악에 대한 극단적 경계를 허물고 중심을 지키며 삶에 충실하라고 말합니다. 유학적으로 표현하면 중용(中庸)의 삶이 될 텐데요. 그렇게 살다 보면 네 가지 혜택을 봅니다. 몸을 훼손하지 않는 보신(保身), 균형 잡힌 삶인 전생(全生), 부모 가족과 원만하게 지내는 양친(養親), 자신의 수명대로 생을 다하는 진년(盡年)입니다.

이야기가 지루해질 때쯤, 드디어 포정(庖丁)이 문혜군 앞에서 소를 해체하는 이야기가 나옵니다. 19년 동안 소를 해체해 온 포정은 이제 소를 해체할 때 자신도 잊고 소마저 잊고 마치 춤추듯이 소의 결을 따라 칼날을 휘두릅니다. 그렇게 소 한 마리를 다 해체해도 소 잡은 칼날은 방금 숫돌에 갈아 놓은 것처럼 빛납니다. 이를 바라본 문혜군이 칭찬을 아끼지 않으며 '양생'의 도를 배웠다고 하지요. 소를 잡는 것은 죽이는 일이고, 양생은 살아가는 일인데 어찌 죽이는 일을 통해 삶을 살피는 일을 보았을까요? 포정의 칼날이 바로 우리 삶의 모습입니다. 포정의 칼날은 소의 결을 따라 움직입니다. 뼈를 만나면 뼈를 부수지 않고 조심조심 돌아갑니다. 함부로 행동하지 않고 천천히 움직입니다. 그래서 세월이 흘러도 날이 상하지 않습니다. 장자가 이렇게 말하는 것 같습니다. 어떠한 일을 만나도 마음으로 대하면 그 틈이 보일 것이다. 그 틈의 결을 따라 살아가라. 물론 도중에 힘든 일, 어려운 일을 만나게 된다. 그러면 서두르지 말고 조심조심 천천히 마음 상하지 않게 처리하라. 삶도 망치지 말고, 마음도 망치지 마라.

다리가 잘린 우사(右師)는 잘린 다리에 연연해하지 않습니다. 과거와 현재를 비교하지 않고 현재의 삶에 충실합니다. 연못에 사는 꿩은 힘겹게 살아가지만 새장에 갇혀 산해진미를 즐기는 다른 새를 부러워하지 않습니다. 그런 삶은 잘 사는 게 아니기 때문입니다. 노자(老子)가 죽자 친구인 진실은 조문을 가서 세 번 곡하고 나와 버립니다. 그의 제자가 조문의 소홀함을 지적하자, 오히려 진실은 조문의 과도함이 문제라며 삶과 죽음의 문제는 즐거움도 슬픔도 끼어들 필요 없는 우주의 일상사라고 말합니다. 마치 "불은 쌓아 놓은 장작을 다 태우고도 계속 번져 꺼질 줄을 모르는 것처럼" 하나의 생명은 자신의 생을 다하면 그렇게 육체의 구속에서 풀려나게 된다고, 그러니 이를 모르고 슬퍼하면 오히려 그것이 하늘을 배신하는 행위가 되는 것이지요.

장자는 삶을 보살피는 길, 잘 사는 길을 보여 주겠다면서 소 잡는 포정(노동자), 다른 잘린 장애인 우사, 힘겹게 살아가는 꿩, 죽어 버린 노자를 사례로 듭니다. 자본주의적 가치와 시선으로 보면 모두 루저(loser)들입니다. 그러나 장자의 자유의 가치와 평등의 시선으로 보면 이들이야말로 진정한 인생의 승리자들입니다. 이러한 등장(인)물의 입을 빌려 이렇게 말하고 있는 듯합니다. 자신의 욕망을 좇아서 정신없이 살아가지 마라. 너무 잘난 척하지 마라. 몸과 마음을 잘 보살피면서 한쪽으로 치우치지 말고, 가운데를 지켜라. 주변 사람들에게 상처 주지 말고, 조심조심 차근차근 천천히 살다가 죽을 때가 되면 미련 없이 육체의 구속에서 벗어나 하늘로 나아가라. 그게 양생이고, 웰빙(well-being)이고, 하늘의 결을 따라 타고 노는 것이다. 그리고 천상병 시인의 고백처럼 "아름다운 이 세상 소풍 끝내는 날/ 가서, 아름다웠더라고" 말하는 것이다.

쓸모없기를 바랐다

— 4편 〈인간세人間世〉

나는 쓸모가 없기를 바란 지 오래되었다. [且予求無所可用久矣]
죽을 뻔한 적도 있었지만 이제야 뜻대로 되었다. [幾死, 乃今得之]
나의 쓸모없음이 나의 큰 쓸모다. [爲予大用]

《장자》에서 에피소드의 주인공으로 가장 많이 등장하는
사람은 장자(26번)도 아니고 노자(16번)도 아니고 공자입
니다. 헤아려 보았더니 무려 38번이나 등장하더군요. 《장
자》의 〈도척〉이나 〈어부〉 편에서는 처음부터 끝까지 공자
가 등장하여 이야기가 전개됩니다. 이번에 다루는 4편 〈인

간세) 편에서도 3분의 2 정도의 분량을 공자와 안회의 이야기에 할애합니다.

장자가 왜 자신의 이야기에 공자를 많이 등장시킬까요? 여러 가지 이유가 있겠지만, 장자 당시에 공자가 '셀럽'이었을 가능성이 높습니다. 공자를 칭찬하든 씹든 어쨌든 공자의 에피소드는 많은 사람의 주목을 끌기에 적당한 소재였으리라 짐작됩니다. 장자는 《장자》에 크게 두 종류의 공자를 등장시킵니다. 칭송의 대상인 공자와 비판의 대상인 공자. 장자가 칭송하는 공자는 《논어》에 나오는 공자와는 사뭇 다릅니다. 자신의 정치적 소신을 굽히지 않고 밀고 나갔던 공자의 모습은 보이지 않고 오히려 정치판으로 출사하는 애제자 안회를 만류하는 신중한 모습을 보입니다. (그에 비하면 《논어》에서는 한 번도 출사의 표시를 하지 않았던 안회가 여기서는 별의별 수단을 써서 출세하려는 모습을 보입니다.) 《논어》에서는 볼 수 없었던 공자와 안회의 모습을 감상하는 재미가 쏠쏠합니다.

안회는 폭군이 다스리는 위나라로 가서 평소에 공자가 가르친 대로 실천하여 그 어지러운 나라를 바르게 만들고 싶어 합니다. 그렇지만 공자는 폭군이 다스리는 나라에 갔다가 뜻조차 펼치지 못하고 죽임을 당할 수 있다고 경고하지요. 게다가 안회가 아직은 인간 세상에 나아가 자신의 뜻을 펼치기에는 준비가 되지 않았다고 쓴소리를 합니다. 결국 스승의 만류를 받아들인 안회는 도대체 무엇을 준비해야 하느냐고 공자에게 묻습니다. 그러자 공자는 "마음을 굶기라[心齋]"고 말합니다.

예로부터 단식은 수행의 가장 중요한 수단이었습니다. 환웅과 결혼한 웅녀가 아직 곰이었을 때, 100일 동안 마늘과 쑥만 먹고 동굴에 있으라고 한 것도 자신의 동물성을 약화하고 인간성을 발견하는 수행 방법이었지요. 예수도 사막에서 40일을 단식했고, 부처도 깨닫기 전 몇 년을 극단적으로 단식하며 수행했습니다. 이처럼 말 그대로 단식은 몸을 깨끗하게 하는 수단이었을 뿐 아니라 육체적 욕망을 끊어 내는 가장 원초적인 방법이었지요. 그런데 〈인간세〉에서 공자는 안회에게 몸의 단식을 이야기하는 것이 아니라 마음의 단식을 이야기하고 있습니다.

그렇게 마음을 굶겨 마음이 텅 비어 있을 때 그곳으로 도(道)가 모이게 됩니다. 도란 무엇입니까? 하늘의 마음입니다. 자신의 욕망이 아니라 하늘의 뜻이 이루어지는 마음이지요. 기독교에서는 예수의 기도처럼 "내 뜻대로 말고, 하느님의 뜻대로 하시라"는 마음이고, 불교에서는 자신을 비워[無我] 부처에게 자리를 내주는 것이지요. 출세하고 성공하고 높은 자리에 오르는 '최상의 삶'이 아니라, 흔적 없이 살면서 하늘의 일을 수행하는 '최적의 삶'을 살아가는 것입니다.

이와 비슷한 이야기가 바로 목수 장석이 쓸모없는 나무와 나눈 대화입니다. 하루는 목수 장석이 좋은 목재를 구하기 위해 제자와 함께 제나라로 가는 길에 엄청나게 큰 나무를 만나는데, 제자는 그 크기에 감탄하지만, 스승인 장석은 이내 크기만 클 뿐 목재로는 쓸 수 없는 산목(散木)임을 알게 됩니다. 그래서 실망하여 집으로 돌아왔는데, 장석의 꿈에 바로 그 산목이 등장하여 나무의 역사를 이야기합니다. 좋은 열매가 맺히는 나무는 가지가 꺾여 삶이 괴롭게 되고, 곧게 자란 나무들은 그 용도에 맞춰 목숨대로 살지 못하고 이내 잘리게 되는 모습을 보면서, 제발 인간에게 쓸모가 없기를 간절히 바라고 바라 드디어 소원을 이루게 되었으며, 잘리지 않고 크게 자라 둘레가 백 아름이나 되고 높이는 산보다 높고, 그늘은 수천 마리의 소를 가릴 만큼 자랐다는 것이지요.

인간이 바라보는 쓸모와 나무가 바라보는 쓸모는 다를 수밖에 없지요. 인간에게는 쓸모없음이 오히려 나무에게는 거대한 쓸모가 되는 이 아이러니를 읽으며 여러 가지 생각을 하게 됩니다. 인간에게 좋은 말은 잘 달리는 말이겠지만, 말에게 좋은 말은 뭘까요? 인간에게 좋은 개는 순하고 잘 복종하는 개겠지만, 개가 좋아하는 개는 어떤 개일까요? 부모에게 좋은 자식은 성격 좋고 성적 좋은 자식이겠지만, 정작 자식의 입장에서 정말 좋은 것은 뭘까요? 직장에서 원하는 직원과 직원이 원하는 자기가 같을까요? 국가권력이 원하는 국민과 각 개인이 원하는 자신의 모습은 같을까요? 다를까요?

한 편의 쓸모가 다른 편에게는 죽음이 될 수도 있는 현실이 오늘날입니다. 한병철은 현대사회를 성과사회라 규정하고 성과를 내기 위해 쓸모를 스스로 창출하려다가 과로와 정신 질환을 앓게 되는 피로사회가 되어 버렸다고 말합니다. 도대체 나는 어디에 쓸모가 있기를 바라는 걸까요? 무엇보다 먼저 나는 나에게 쓸모 있는 존재가 되어야 하지 않을까요? 쓸데없는 욕망에 사로잡혀 죽음으로 자신을 몰고 가는 쓸모를 굶기고, 나를 죽이는 존재에게는 기꺼이 쓸모없어지면서, 나 자신을 멋지게 살리는 쓸모를 찾아봐야겠습니다. 마음을 굶긴 안회처럼, 간절히 쓸모없기를 바랐던 산목처럼!

장애가 없는 자 누구인가

− 5편 〈덕충부德充符〉

만물은 모두 하나다. [萬物皆一也]

무릇 이와 같은 자는 [夫若然者]

귀나 눈이 좋아하는 것을 알지 않고 [且不知耳目之所宜]

마음을 덕의 조화 속에 노닐게 하여 [而遊心乎德之和]

만물을 하나로 보고 [物視其所一]

그 잃음을 보지 않는다. [而不見其所喪]

나이가 들다 보니, 몸이 하나둘씩 고장 나기 시작합니다.
학창 시절에는 눈이 고장 나기 시작했고, 젊은 시절에는 장과 간이 고장 나기도 했습니다. 중년에는 혈관과 심장이 고장 났고, 노년에 가까이 오니 관절과 근육이 고장 나고 있습니다.

새 차를 뽑아서 소중히 타도 10년 타기 힘들다는데, 지금 차로 20년 가까이 타고 있으니 참으로 오랜 세월 같이했습니다. 다 큰 자식들은 어서 폐차하고 새 차로 뽑으라고 하지만, 그 자식들 자랄 때 나랑 같이 고생한 차를 함부로 폐차하기도 어렵습니다. 경제적 능력의 문제도 있지만, 마음이 쉽게 허락하지 않습니다. 차야 폐차하면 그만이라지만, 몸은 쉽게 폐기하지 못합니다. 이 한 몸 다 쓸 때까지 소중히 챙겨야 하는 것처럼, 이 낡은 차도 다 쓸 때까지 소중하게 여기기로 마음먹습니다.

인생, 몸으로 생각하면 점점 낡아 가는 것이로되, 마음으로 생각하면 점점 새로워질 수도 있습니다. 장애야 이르건 늦건 누구나 겪는 일이지만, 장애를 겪는 마음은 다스릴 수 있지 않을까요? 〈덕충부〉는 주로 장애의 문제를 다루고 있습니다. 몸과 마음의 장애 중 무엇을 돌볼 것인가? 외부로 드러나는 형(形)이 아니라 내부에 숨겨져 있는 덕(德)을 어찌 채울 것인가? 장자의 물음입니다.

처음에 등장하는 인물은 절름발이 장애인 왕태입니다. 그는 장애인이로되, 그를 따라 공부하는 사람이 엄청나서 장안의 화제였습니다. 그는 말로 가르치지 않으나, 그를 따르는 자들은 그에게 배워 마음이 풍족해집니다. 공자의 제자인 상계는 이를 이상하게 생각하고, 공자에게 푸념을 합니다. 어찌 장애인이 공자보다 많은 제자를 거느릴 수 있느냐고. 공자는 말합니다. 그는 성인(聖人)이라고, 자신도 그를 스승으로 모시고 싶다고. 상계는 더욱 의아하여 공자에게 연유를 묻습니다. 공자는 말합니다. 그에게 장애는 장애가 아니라고. 심지어 죽음조차도 그에게 영향을 끼치지 못할 것이라고. 그의 마음은 덕의 조화된 경지에서 놀고 있다고, 그는 만물을 하나로 보고 외형의 변화로 슬퍼하지 않는다고. 그의 마음은 잔잔히 가라앉은 물과 같아 뭇사람들이 그 마음으로 자신을 바르게 할 수 있다고. 그래서 그는 사람을 모으려 하지 않아도 사람들이 저절로 그의 곁에 모이는 것이라고.

〈덕충부〉에는 왕태뿐 아니라 온갖 장애인들이 등장합니다. 외발이 신도가, 낙타처럼 등이 굽은 추남 애태타, 절름발이에 곱사등이에 언청이인 인기지리무신과 물동이만한 혹을 달고 다니는 옹앙대영에 이르기까지. 장자가 자신의 저술에 장애인을 다수 등장시켜 이야기를 전개하는 것을 보면서, 당대에 얼마나 많은 장애인이 살았는지 절감했습니다. 또한 장자가 얼마나 그들 곁에 가까이 있었는지도 짐작하게 합니다. 귀족들에게 장애인은 거리끼는 존재였지만, 장자에게 장애인은 소중하고 친한 친구였습니다. 장자는 그들의 외모를 보고 판단하지 않고 그 마음을 보고 그들과 친구가 되었습니다. 겉으로 보이는 외모보다는 겉으로 보이지 않는 마음, 그 마음을 온전히 보전하는 것이 진정한 삶의 핵심이라고 말하고 있습니다. 정신의 불구에 비하면 몸의 불구는 불구도 아니라고, 그러니 어찌할 수 없는 몸에 좌절하지 말고, 어찌할 수 있는 마음을 보살피라고, 그 마음에 하늘의 마음을 채우라고 말하고 있습니다. 외형을 잊고 덕을 채우라고, 얼마 남지 않은 정력을 쓸데없는 데 소모하지 말라고, 사람들은 잊어야 할 것은 못 잊고, 잊지 말아야 할 것은 쉽게 잊지만, 그대는 잊어야 할 것은 잊어버리고, 잊지 말아야 할 것을 잊지 말라고 당부합니다. 그 당부대로 살기 아득하지만, 마음 한 켠에 갈무리해 둡니다.

최첨단 시설이 넘쳐 나는 현대사회라 할지라도 항상 위험과 재난은 닥쳐옵니다. 매년 겪는 물난리는 수많은 인명과 재산의 피해를 낳습니다. 오늘 내가 안전하다고 내일의 안전을 보장할 수 없는 시대에 살고 있습니다. 어제는 코로나더니, 오늘은 물난리입니다. 내일은 또 무슨 일이 우리에게 닥칠지 참으로 난감합니다. 과학기술이 발전하고, 자본을 축적한다고 해서 이 위험에서 벗어날 수는 없습니다. 재난으로 장애를 입거나 죽음으로 몰릴 수 있는 '위험사회'에 우리는 살고 있습니다.

지금 우리가 겪고 있는 이 총체적 위험은 개인의 잘못으로 환원될 수 없는 지구적 위기이기에 그 거시적 해결책은 지구 차원에서 해법을 찾아야 하고, 그 해법을 도모하기 위해서는 국가와 공동체가 체계적으로 구상하고 꾸준히 실천해야 하는 문제입니다. 하지만 그 위험에 노출된 사람들은 추상적 인간이 아니라 구체적 개인입니다. 이번 물난리로 반지하에서 살다가 간신히 구출되거나 결국 사망하게 된 사람들은 우리와 같은 하늘 아래서 같은 공기를 마셨던 우리 이웃입니다. 우리 사이를 삶과 죽음으로 나눈 이 아득함을 나는 아직 실감하지 못합니다.

죽음은 까마득히 멀고, 삶은 너무도 가깝다고 생각했습니다만, 그들의 죽음 앞에서 죽음은 이처럼 가깝고, 삶이 참으로 아득합니다. 장자는 삶과 죽음을 하나로 여기라고 충고하지만, 나는 그들의 죽음을 위무할 방도를 찾지 못해 망설입니다. 망자는 저곳에 있고 나는 이곳에 있습니다. 내 위무는 그들에게 가닿을 수 없습니다. 나는 이처럼 무력합니다.

장자의 처방은 내 밖으로 나가지 못하고 내 안에서 맴돌고 있습니다. 나는 그들의 죽음에 가닿지 못하고, 단지 내 죽음과 장애를 상상할 뿐입니다. 그리하여 내가 다치거나, 망가지거나, 죽을 때 내가 너무 놀라지 않기를 바랍니다. 슬픔을 가라앉히고 고요하게 되기를 바랍니다. 좋아하는 것으로 너무 들뜨고, 싫어하는 것으로 너무 속상하지 않기를 바랍니다. 나에게 닥친 사건과 사고를 과장하지 않고 있는 그대로 바라보기를 바랍니다. 그래서 어떤 사태가 발생하든 그 상태에서 다시 시작할 수 있기를 바랍니다. 이생을 다시 시작할 수 없는 순간이 오면 가만히 이생을 놓을 수 있기를 바랍니다. 이러한 바람은 오로지 내 안에서 나에게만 적용될 수밖에 없는 무력한 처방이라는 것을 알고 있습니다만, 나는 이 무력함을 무기로 이 위험 사회를 살아가고 싶습니다.

진정한 스승은?

– 6편 〈대종사大宗師〉

참사람이 있어야만 참지식이 있다. [有眞人而後有眞知]

어떤 사람이 참사람인가? [何謂眞人]

옛날에 참사람은 [古之眞人]

작은 일도 거스르지 않고 [不逆寡]

성공을 자랑하지 않으며 [不雄成]

억지로 일을 꾀하지 않는다. [不謨士]

당신은 존경할 만한 스승이 있습니까? 당신의 주변에 스
승으로 삼을 만한 사람이 있습니까? 있다면 어떤 분입니

까? 학교를 오래도록 다녔지만 스승으로 삼을 만한 분이 없다고 불만을 토로하는 사람이 있는가 하면, "세 사람이 길을 가면 반드시 나의 스승이 있다(三人行必有我師)"라고 말한 공자도 있습니다. 도대체 스승이란 무엇일까요?

에리히 프롬은 《소유냐 존재냐》에서 인생의 스승에 대하여 다음과 같이 말합니다. "위대한 '인생의 스승들'은 소유와 존재 간의 선택을 그들 각 체제의 중심적인 문제로 삼아 왔습니다. 석가모니는 인간 발전의 최고 단계에 도달하기 위해서는 재물을 탐해서는 안 된다고 가르치고 있습니다. 예수는 다음과 같이 가르칩니다. '누구든지 제 목숨을 구원하고자 하면 잃을 것이요, 누구든지 나를 위하여 제 목숨을 잃으면 구원하리라. 사람이 만일 세계를 얻고도 자기를 잃든지 빼앗기든지 하면 무엇이 유익하리오'(누가복음 9:24~25) 위대한 스승 마이스터 에크하르트는 아무것도 소유하지 않고 자신을 열고 '비게' 하는 것, 자신의 자아가 끼어들지 않도록 하는 것이 영적(靈的)인 부(富)와 힘을 성취하기 위한 조건이라고 가르쳤습니다. 마르크스는 사치는 가난 못지않은 큰 악덕이며, 우리의 목표는 풍성하게 '소유하는' 것이 아니라 풍성하게 '존재하는' 것이어야 한다고 말했습니다." 프롬의 기준에 따르면 소유가 아니라 존재가 스승의 조건이 되네요.

장자 역시 참스승[眞人]의 조건으로 지식이 아니라 존재를 꼽습니다. "참사람이 있어야 참지식이 있다"고 말함으로 지식보다 존재의 우선성을 이야기합니다. 많이 아는 사람이 스승이 아니라, 참되게 사는 사람이 스승이 된다는 말이지요. 장자는 〈대종사〉에서 이러한 스승을 '진인(眞人)'이라 말합니다.

그리고 진인의 특징을 열거합니다. 진인은 "작은 일도 거스르지 않고, 성공을 자랑하지 않으며, 억지로 일을 꾀하지 않습니다." "잠을 자도 꿈을 꾸지 않고, 깨어 있어도 근심이 없습니다. 좋은 음식만 찾지 않고, 여유롭게 숨 쉽니다." "사는 것도 기뻐하고 삶을 잃어도 기뻐합니다." 본문에 나오는 진인의 특징과 내 삶을 비교해 보면 참으로 부끄러워집니다.

편애하지 않고, 명성을 좇지 않고, 스스로 즐길 줄 압니다. 편안하게 행동하고, 한가하고, 말수가 적습니다. 때에 알맞게 행동하고, 자연을 따릅니다. 낮과 밤이 있듯이 삶과 죽음을 운명으로 여깁니다. 물고기가 물속에 거주하듯이, 진인은 자연의 길에 거주합니다. "대지는 우리에게 형체를 부여하고, 삶을 주어 우리를 수고롭게 하고, 늙게 하여 우리를 편안하게 하고, 죽음으로 우리를 쉬게 합니다. 잘 살다가 잘 죽으면 됩니다."

그리고 그러한 경지에 도달한 친구 네 명을 소개합니다. 자사, 자여, 자려, 자래라는 이름의 친구들. 그들은 "없음을 머리로 삼고, 삶을 척추로 삼고, 죽음을 엉덩이로 삼는 자"이고, "삶과 죽음, 지속과 멸망이 한가지임을 알고 있는 사람"이었기에 기꺼이 서로 친구가 됩니다. 자여라는 친구가 큰 장애를 얻게 되자, 자사가 문병 가서 묻습니다. "장애를 얻은 게 싫은가?"

그러자 자여는 대답합니다. "아니네. 내가 어찌 싫어하겠는가. 내 왼팔이 조금씩 변하여 닭이 된다면, 나는 그 팔로 사람들에게 새벽을 알려 줄 것이네. 내 오른팔이 조금씩 변하여 화살이 된다면, 나는 새를 맞추어 구워 먹을 것이고. 내 궁둥이가 조금씩 변하여 수레바퀴처럼 되고 정신이 변하여 말처럼 된다면, 나는 그대로 타고 다닐 것일세. 따로 수레에 말을 맬 필요가 없게 되겠지. 이 모두가 때를 얻어 몸이 생기고, 자연의 변화로 그것을 잃게 되는 것이지. 때가 되어 자연의 변화에 순응하면 슬픔이나 즐거움이 끼어들 사이가 없지 않겠나. 이것이 묶인 것에서 해방되는 것이라네. 이전 육신이 나를 동여매었다가 하늘이 나를 해방시켰네. 내가 어찌 싫어하겠는가?"

자여의 쿨함에 입을 떡 벌리고 놀라는 것도 잠시, 이번에는 죽음을 앞둔 자래를 자려가 방문합니다. 그리고 친구의 죽음 앞에서 놀리는 투로 말합니다. "자연의 조화가 위대하구먼. 자네는 어디로 가려는가? 하늘이 자네를 쥐의 간으로 만들까, 아니면 벌레의 다리로 만들까?" 그런 놀림 앞에서도 자래는 흔들리지 않습니다. 천지가 자신에게 형체를 주었다가 이제 죽음을 주어 쉬게 하려는데, 다시 무엇으로 태어나든 그것은 조물주의 영역이지 자신의 문제는 아니라고 말하지요. 그러면서 자신은 "깜빡 잠들었다가 문득 깨어나면 그뿐[成然寐然覺]!"이라 대답하지요.

네 친구의 이야기에 뒤이어 친구의 죽음 앞에서도 누에를 돌보는 맹자반과 거문고를 타는 자금장, 어머니의 죽음 앞에 곡을 하면서도 울지 않았던 맹손재, 요임금에게 왕위를 부탁받았으나 거절한 허유와 그의 제자가 되려는 의이자, 좌망(坐忘)의 경지에 도달한 안회의 뒤를 따르고 싶다는 스승 공자 같은 인물들의 짧은 에피소드가 쭉 소개되어 있는데요. 소개되는 이야기는 모두 하나같이 우리의 상식에 망치를 휘두르고, 무엇이 참된 삶인지에 대하여 근본적으로 묻고 있습니다.

이렇게 장자가 소개하는 참스승[眞人]의 궤적을 따르다 보면 어안이 벙벙해지고, 정신이 아득해집니다. 우리의 상식에서 한참을 벗어난 기인(奇人)들을 참사람이라고, 위대한 스승[大宗師]이라고 뻔뻔하게 소개하는 장자의 뱃심이 부럽기도 합니다. 도대체 왜 장자는 이러한 기인들을 스승이라 소개하고 있는 걸까요? 세상에서 추구하는 지위나 명예, 건강과 장수, 성공과 부유함 따위는 아랑곳하지 않는 사람들이 있기는 있는 걸까요? 심지어 장애와 죽음, 자존과 윤리마저도 초개(草芥)처럼 버리고 기꺼이 자신을 지우면서 자연의 흐름을 타고 놀며 변신을 즐기는 자유로운 사람들이 있을까요?

내 주변에서는 결코 보기 힘든, 아니 존재 자체가 불가능에 가까운 이러한 사람들이 장자의 이야기에는 넘쳐 납니다. 그리고 장자의 넘쳐 남과 나의 빈곤함 사이의 거리감이 나를 당혹시키고 긴장하게 만듭니다. 마치 나에게 장자는 이렇게 묻고 있는 듯합니다. 세상에서 떠받드는 스승 말고, 진정으로 너는 스승을 무엇이라고 생각하는가? 너에게 스승은 있는가? 너는 스승인가?

지도자를 잘못 만나면

- 7편 〈응제왕應帝王〉

지인의 마음 작용은 거울과 같다. [至人之用心若鏡]

사물을 보내지도 맞이하지도 않는다. [不將不迎]

호응하되 간직하지 않는다. [應而不藏]

그러니 만물과 함께하면서도 다치지 않는 것이다. [故能勝物而不傷]

대통령 취임 100일 만에 백서를 발표하여 자화자찬하는데, 국민들은 속이 끓습니다. 〈노자〉 17장에는 지도자의 등급에 대해서 이야기합니다. "최상의 지도자는 백성이 존재만 아는 사람. 그다음은 친근하여 칭찬받는 사람. 그

다음은 두려워하는 사람. 최하는 욕먹는 사람"이라 합니다. 요즘은 지도자란 말 대신 리더라는 말을 주로 쓰는 듯합니다. 그렇다면 최상의 리더는 어떤 자격을 갖춰야 할까요?

조지프 나이는 군사력이나 경제적 압력 같은 강한 힘으로 주변과 관계를 맺는 하드 파워(hard power) 대신 문화나 가치 외교정책 들을 바탕으로 설득과 동의의 관계를 맺는 소프트 파워(soft power)의 중요성을 강조합니다. 부드러움이 강함을 이긴다는 노자의 정신을 적용해 보자면, 아마도 노자는 부드러운 리더십을 이야기하고 있다고 할 수 있을 법합니다. 그렇다면 장자는 어떠한 리더십을 이야기하고 있을까요? 〈응제왕〉 편에서는 이를 살필 수 있는 다양한 지도자의 이야기가 나옵니다.

처음에 등장하는 인물들은 순임금과 태씨입니다. 순임금은 중국을 태평천하로 만들었다는 요순시대의 대표적 임금입니다. 그야말로 최고의 리더지요. 하지만 포의자의 평가는 다릅니다. 천하의 순임금이라 할지라도 옳고 그름을 따지는 이원론적 세계에서 벗어나지 못했다고 말합니다. 하지만 무명인에 가까운 태씨는 이원론적 세계에서 벗어난 자유로운 인물로 평가를 받습니다. 태씨의 특징은 무엇일까요? "잘 때는 느긋하고, 깨어 있을 땐 덤덤하고, 때로는 스스로 말이 되고, 때로는 소가 되는" 존재입니다.

다음으로 등장하는 인물은 인간의 규범과 법도를 중시하는 견오와 미치광이 접여인데요. 여기서도 미치광이는 규범과 법도 따위는 거짓된 덕에 불과하고 그러한 것으로 천하를 이끄는 것은 "바다를 걸러서 건너고, 강을 손으로 퍼내고, 모기에게 산을 지라고 하는 것"처럼 어리석은 일이라 말합니다. 뒤이어 등장하는 천근과 무명인의 대화 역시 같은 맥락입니다. 천근이 무명인에게 천하를 다스리는 법을 묻자, 무명인은 그러한 질문 자체를 불쾌해하면서 "마음을 담담히 놀게 하고, 기운은 광막한 세계를 맞추며, 일은 자연을 따르고, 사심을 개입시키지 않는다면 천하는 잘 다스려질 것"이라고 말하지요.

양자거를 만난 노담(노자)은 훌륭한 왕이라는 자들은 "지혜만 앞서고 재주에 얽매어 몸을 지치게 하고 마음을 불안하게 만드는 자"라고 말하고 이러한 자들은 "범이나 표범의 가죽 무늬 때문에 사냥꾼을 불러들이고, 원숭이나 너구리를 잡는 재주 때문에 목줄을 매는 개의 신세"와 다를 바 없다고 비판합니다. 그러면서 자연이 대가나 유명세를 바라고 혜택을 주는 것이 아니듯이, 리더의 공적도 그러한 것이어야 한다고 말합니다.

신통방통하게 운명을 잘 맞히는 무당 계함에게 홀딱 빠져 정신을 못 차리는 열자에게 스승 호자는 마음을 비우고 바람 부는 대로 나부끼고 파도치는 대로 흐르는 자신의 모습을 보여 줌으로 무당을 내쫓고, 제자에게 깨달음이 부족함을 일깨워 줍니다. 이후 열자의 모습이 인상적입니다. "자신이 부족함을 절감하고 집으로 돌아가 3년 동안 집 밖을 나가지 않으며 아내를 위해 음식을 준비하고 사람을 먹이듯 돼지를 키우고 세상사의 시비에서 벗어납니다."

이 모든 에피소드를 통해 짐작할 수 있는 장자의 리더관은 이렇습니다. 사람을 판단하는 특정한 이념이나 윤리관에서 벗어나 만물을 섬기는 마음으로 살아가는 사람, 자신의 앎을 자랑하지 않고 마음을 비워 자연과 더불어 놀 수 있는 사람, 자신의 처지가 어떠하든 자연이 대가나 이름 없이 성실하듯 그렇게 자신을 드러내지 않고 성실하게 봉사하는 사람, 사람처럼 동물을 보살피고, 스스로 말이되고 소가 될 수 있는 사람, 그러한 사람이 세상을 이끌 수 있는 참된 리더입니다.

그러한 리더의 마음 씀은 거울과 같습니다. 거울이 외부 대상을 의도적으로 맞이하거나 배척하지 않듯이, 리더는 주변과의 관계에서 자신의 이념이나 도덕이나 가치관을 강요하지 않습니다. 오는 사람 막지 않고 가는 사람 잡지 않습니다. 오면 응하고 가면 간직하지 않습니다. 호오(好惡)나 시비(是非)를 벗어나 있으니 감정에 사로잡히지 않습니다. 사로잡히지 않으니 상처받지 않습니다.

하지만 우리 주변에는 이러한 리더 말고 비판하고 충고하고 조언하고 교정하려는 리더들이 넘쳐 납니다. 자신의 생각에 사로잡히고 감정에 휘둘립니다. 자신이 원하는 대로 세상이 바뀌어야 한다고 마음대로 개입하고 마음에 들지 않으면 망가뜨립니다. 상대방에게 의견을 묻지도 않고 자신의 뜻을 관철하려 합니다. 그러는 사이에 상대방은 구멍이 뚫리고 숨이 막히고 위험해지고 죽을지도 모르는데도 말입니다. 슬프게도 장자 내편의 마지막 에피소드는 '혼돈'의 죽음 이야기입니다. 친절과 환대를 베풀었음에도 손님들의 과잉 개입으로 죽고 마는 혼돈의 모습처럼, 잘못된 리더는 세상을 망치고 죽일 수도 있다고 장자가 경고하는 듯합니다. 무섭고도 떨리는 일입니다.

2 부

외편 外篇

장
자
의

확
장

자신을 즐기라

- 8편 〈변무駢拇〉

내가 말하는 훌륭함은 인의가 아니라 타고난 본성에 맡기는 것.

[吾所謂臧者 非所謂仁義之謂也 任其性命之情而已矣]

내가 말하는 귀 밝음은 남의 소리를 듣는 것이 아니라 자기

내면의 소리를 듣는 것. [吾所謂聰者 非謂其聞彼也 自聞而已矣]

내가 말하는 눈 밝음은 남의 모습을 보는 것이 아니라

자기 내면을 관조하는 것.

[吾所謂明者 非謂其見彼也 自見而已矣]

《장자》외편의 첫 번째 장은 〈변무〉 편입니다. '변무(駢拇)'

라는 말은 붙어 버린 발가락이라는 뜻이지요. 보통은 발가락이 다섯 개이지만 두 발가락이 붙어서 네 개가 된 경우입니다. 이외에도 '육손이'는 손가락이 하나 더 나와서 여섯 개의 손가락을 가지고 있는 사람을 지칭하는 말이지요. 이런 사람들을 정상인(?)들은 문제가 있는 사람으로 취급합니다. 심지어는 발가락을 가르거나 손가락을 잘라서라도 문제를 해결해야 한다고 하지요.

그런데 장자는 이런 사람들을 손가락질하는 사람들에게 이렇게 말하고 있습니다. "남의 군더더기만 볼 줄 알지 정작 자신의 군더더기는 볼 줄 모르는구나. 그러면서 그 예로 눈이 너무 밝은 사람, 귀가 너무 밝은 사람, 인의(仁義)에 너무 밝은 사람들은 색깔, 소리, 도덕에 예민하여 자신의 감각을 기준으로 남들을 평가하고, 다른 사람이 살아가는 모습을 비난하고, 높은 기준을 세워 남에게 강요하는 잘못을 범하고 있는 것은 아닌가. 덧붙여 화려한 말재주와 아름다운 글재주를 가지고 있는 지식인들은 자신의 말과 글로 궤변을 늘어놓으며 천하를 왜곡하고 있으니, 이들이야말로 천하의 골칫거리가 아닌가?
본래 네 발가락을 가진 사람이나 여섯 손가락을 가진 사람은 그것을 싫어하지 않았다. 다리가 길어도 남는다고 생각하지 않고, 다리가 짧다고 모자란다고 생각하지 않았다. 오리 다리가 짧다고 이어 주고, 학의 다리가 길다고 끊어 주면 슬퍼할 것이다. 본래의 모습 그대로 두라. 그러면 걱정은 스스로 없어질 것이다."

장자는 각자 자신이 생긴 대로 본성대로 근심 없이 살아가는 세상을 바랐습니다. 자연은 곧으면 곧은 대로, 굽으면 굽은 대로, 둥글면 둥근 대로, 모나면 모난 대로, 합쳐지면 합친 대로, 흩어지면 흩어진 대로 자연스럽게 살아갑니다. 그런데 인간들은 굽은 나무에 줄을 그어 곧게 만들고, 둥근 나무를 자로 그어 모나게 만듭니다. 인위(人爲)와 강제가 있으니 자연스럽지 않습니다. 인간의 삶도 마찬가지. 본성대로 자연스럽게 살아가도록 자유를 허용하는 것이 아니라 온갖 윤리와 도덕으로 생각과 행동을 규제합니다. 그리고 평가하고 비판하고 차별합니다. 그리하여 사람들은 어느새 자신의 소리를 듣고, 내면을 바라보고 본성대로 살아가는 것이 아니라 남들의 소리를 듣고, 남들의 모습을 바라보고, 남들이 원하는 대로 살아가게 됩니다.

이러한 것이 인생이라면 결국 우리는 남의 즐거움을 즐거워하느라 자신의 즐거움을 잊고 사는 것 아닐까요? 남들이 원하는 소리를 내고, 남들이 원하는 모습을 하고, 남들이 즐거워하는 것을 살아가느라 우리는 점점 우리를 잊어버리게 됩니다.

장자는 이에 대한 재미난 비유를 소개합니다. 염소를 치는 계집종과 사내종이 염소를 잃었는데, 이유를 물은즉 계집종은 놀다가 잃었다 하고, 사내종은 책을 읽다가 잃었다고 변명합니다. 이유야 어찌 되었든 염소를 잃었다는 점은 같습니다. 한 걸음 더 나아가 현자로 알려진 백이는 명분 때문에 수양산에서 목숨을 잃었고, 천하의 도적으로 알려진 도척은 이익 때문에 동릉산에서 목숨을 잃었는데, 이유야 다르지만 본성을 해치고 목숨을 잃었다는 점은 같다고 말합니다. 장자가 보기에는 인의(仁義)나 재물(財物)이나 그로 인해 목숨을 잃었다면 도긴개긴입니다.

철학자 한병철은 근대의 규율사회는 남의 명령을 따라서 자신의 삶이 착취되었는데, 오늘날의 성과사회는 자신의 명령을 따라 자신을 착취하는 더 비참한 사회가 되었다고 말합니다. 과연 '자신의 명령'일까요? '자본의 명령'을 자신의 명령이라고 착각하는 것은 아닐까요? 자본이 원하는 존재로 자신의 교환가치를 높이려는 노력은 오늘날에도 계속되고 있습니다. 스펙을 쌓고, 다이어트를 하고, 성형을 하고, 영혼을 끌어모아 재산을 증식하려는 현대인은 자신을 즐기는 자가 아니라, 자신을 학대하는 자입니다. 결국 자신을 위한다고 하지만 자본을 위해, 부를 얻기 위해 자본의 회전 맷돌에 자신을 갈아 넣고 있는 거 아닐까요.

그러니 "남의 즐거움을 위해 즐거워하지 말고[不適人之適] 자신의 즐거움을 즐기라[自適其適]!"는 장자의 충고는 성과사회를 살아가는 현대인에게도 유효한 지침이 될 듯합니다. 무한 속도로 질주하는 아찔한 무한궤도에서 내려, 자신의 고유한 속도 속에서 유유자적(悠悠自適)한 삶을 즐기는 방식을 찾아봐야겠습니다.

말의 행복

– 9편 〈마제馬蹄〉

말은 발굽으로 눈서리를 밟고 [馬, 蹄可以踐霜雪]

털로는 바람과 추위를 막는다. [毛可以禦風寒]

풀을 뜯고 물을 마시며 다리를 높이 들어 달린다.

[齕草飲水, 翹足而陸]

이것이 말의 참된 본성이다. [此馬之眞性也]

좋은 집과 침대가 있다 한들 무슨 소용이 있겠는가.

[雖有義臺路寢無所用之]

초등학교(당시 언어로는 국민학교) 5학년이 되자, 교과서에 국민교육헌장이 실렸습니다. 그리고 그 헌장을 외우지 못하는 학생들은 체벌을 받았을 뿐 아니라 귀가조차 하지 못했지요. 초등학생이 이해할 수 없는 단어가 넘쳐 났던 그 헌장의 첫 문장은 이렇게 시작합니다. "우리는 민족 중흥의 역사적 사명을 띠고 이 땅에 태어났다." 나는 담임선생님께 맞아 가며 '중흥'이라든가, '사명'을 무한 반복으로 되뇌었습니다. 나중에 머리에 '피가 마를' 때에 그 단어들의 뜻은 알게 되었지만, 정말로 내가 그러한 사명을 띠고 태어났다는 것에는 동의할 수 없었습니다. 그런 난해한 문장을 만들어 교과서에 실은 사람이나, 그 문장들을 외우도록 시킨 사람이나 못 외우면 체벌을 한 사람이나 모두가 어린이를 학대한 범죄자이며 공범입니다.

교회를 다니면서 무의식적으로 불렀던 노랫말에도 이와 유사한 것이 있습니다. "당신은 사랑받기 위해 태어난 사람"이라는 노랫말이 얼핏 듣기에는 좋은 말인 것 같지만, 어린 시절 사랑을 받지 못하고 자란 아이에게는 저주와 같은 말일 수도 있습니다. 특히 기독교처럼 죄의식을 강조하는 종교에서는 사랑받지 못함이 죄 때문이라는, 말도 안 되는 논리를 펼치기도 합니다만, 떡을 주지는 못할망정 뺨을 때려서는 안 됩니다.

인간을 포함한 모든 생명은 특정한 목적을 가지고 태어나지 않았습니다. 리처드 도킨스는 《이기적 유전자》에서 인간은 유전자 보존을 위해 맹목적으로 프로그램된 기계에 불과하다고 주장했지만, 현대사회의 출산율 저하나 비혼이 늘어나는 것을 보면 인간 사회가 반드시 그러한 방향으로 진화할 것 같지도 않습니다.

《장자》 외편의 두 번째는 〈마제〉라는 이름을 달고 있습니다. 단어의 뜻을 그대로 번역하면 '말발굽'입니다. 아니나 다를까 처음 소재로 말이 등장합니다. 태어난 대로 자연스러운 삶을 살아가는 말과 뛰어난 조련사에 의해 훈련된 말 중에서도 어느 상태를 말 자신은 좋아할까요? 자연(自然)과 인위(人爲)의 대조는 계속됩니다.

장자는 전설적인 말 조련사 백락(伯樂)을 비판합니다. "백락은 말을 잘 다스린다면서 말에게 낙인을 찍고, 털을 깎고, 발굽을 다듬고, 굴레를 씌우고, 고삐와 띠를 매달아 마구간에 넣는다. 그 결과 열에 두세 마리는 죽게 된다. 게다가 말을 조련한다는 명목으로 굶기고 목마르게 하고 뛰게 만들고 갑자기 달리게도 하며, 달리는 말에 온갖 장식을 달아 거추장스럽게 하고 채찍으로 다스린다. 그러자 남은 말 중 반도 넘게 죽게 된다."

장자는 이러한 논리를 더 확장해서 도공과 목수에게도 적용합니다. 흙을 이용하여 그릇을 만드는 일이나 나무를 이용하여 집이나 가구를 만드는 일은 인간에게는 좋은 일일지 모르지만 흙과 나무의 입장에서 보면 참으로 가혹한 짓을 한 것입니다. 장자 이야기의 끝은 인의(仁義)를 주장하고 예악(禮樂)을 제정하여 백성을 계몽하고 선악을 분별하는 성인을 비판하는 데에 이르러 절정에 도달합니다. 장자가 보기에는 인간 사회에서 모두가 떠받드는 성인은 자연스러운 삶을 파괴하고 참된 도덕을 훼손한 잘못을 범한 사람에 불과합니다.

기독교 《성서》에도 낙원과 실낙원이 있듯이, 《장자》에도 낙원이 있고 실낙원이 있습니다. 장자의 낙원[至德之世]은 짐승과 함께 살고[同與禽獸居], 만물이 한 가족처럼 더불어 살았습니다[族與萬物竝]. 지식이 없어도[同乎无知] 덕성이 떠나지 않고[其德不離], 욕심 없이[同乎无欲] 소박하게 살았습니다[是謂素樸]. 밥을 먹으면 즐거워하고 배를 두드리면서 놀았습니다[含哺鼓腹]. 그런데 성인이 등장하여 인의를 행하니 세상이 의혹을 품고, 예악을 정하니 분별이 생겼습니다. 실낙원이 시작된 것입니다. 그 후에 사람들은

지식을 쌓고 이익을 좇기에 급급합니다. 이 모두가 성인
의 잘못입니다.

유학자들은 성인을 문명을 일으킨 자로 높이 떠받드는데,
장자는 도리어 문명을 일으킨 성인이야말로 인간 본연의
삶을 망가뜨린 잘못을 범했다고 비판하고 있으니, 〈마제〉
편에서는 유학자들과 타협할 지점이 없어 보입니다. 비록
장자의 성인 비판이 거친 평가로 인해 과도해 보이고, 삶
에 대한 책임을 부모에게 전가하는 것처럼 무책임해 보이
기도 합니다. 하지만 성인으로 지칭되는 권력자들이 -오늘
날로 치면 가깝게는 부모나 선생으로부터, 확장하면 회
사 같은 조직이나 국가권력의 공권력이- 우리의 삶에 개
입하여 의식, 무의식적으로 지배하고 조정하는 현대사회
를 생각해 보면 장자의 깊고 예리한 비판 정신에 고개를
끄덕이게 됩니다.

공자는 나의 50에 하늘의 뜻[天命]을 알았다고 했는데,
나는 50이 넘어가면서 점점 하늘의 뜻이 무엇인지 모르
게 되었습니다. 하지만 만약에 하늘의 뜻이라는 것이 있
다면, 그것은 아마도 "아무런 구속 없이 자유롭게 살아라

[一而不黨 命日天放]" 하는 장자의 말에 가깝지 않을까 어림짐작할 뿐입니다. 그저 바라는 것은, 남의 삶에 쓸데없이 개입하고, 청년들에게 함부로 충고하는 꼰대나 되지 말았으면 하는 것입니다. 그러려면 미쳐 날뛰고 끝없이 질주하는 속도를 낮추고, 거품을 만들어 내는 굴레도 벗어버리고, 무거운 안장도 풀어야겠습니다. 조금은 가볍게 조금은 자유롭게!

언박싱의 역사

- 10편 〈거협胠篋〉

세상에서 소위 지혜롭다는 자 중에 [世俗之所謂知者]

큰 도둑을 위해서 재물을 쌓아 두지 않은 자가 있었던가.

[有不爲大盜積者乎]

세상에서 소위 거룩하다는 자 중에 [所謂聖者]

큰 도둑을 위해서 문지기 노릇을 하지 않은 자가 있었던가.

[有不爲大盜守者乎]

선물을 받았거나 택배로 받은 물건을 열어 보는 재미가
쏠쏠합니다. 안에 무엇이 들었나 사뭇 궁금하기도 하고,

주문한 물건이 제대로 왔나 확인도 해 보는 이른바 '언박 싱'의 재미. 장자 외편의 세 번째 제목이 〈거협〉인데, 풀이 하면 "상자를 열다"이고, 요즘 말로 언박싱입니다. 이렇게 시작됩니다.

"상자를 열고 주머니를 뒤지며 궤를 여는 도적에 대비하 기 위해서는 끈으로 꼭 묶고 자물쇠와 고리를 단단히 거 는데, 이것이 일반적인 세상의 지혜이다. 그러나 큰 도적 이 오면 궤를 짊어지고, 상자를 둘러메고, 주머니째 들고 달아나면서, 오직 끈과 자물쇠와 고리가 약하지 않을까 만을 걱정한다. 그러니 세상에서 말하는 지혜로운 사람이 란 바로 큰 도적을 위해 재물을 쌓아 놓은 꼴이 되지 않 겠는가?"

읽다 보니 선물 상자라기보다는 보물 상자이고, 보물 상 자이기에 상자가 열리거나 도둑질당하지 않도록 굳건하 게 잠근다는 이야기입니다. 도난당하지 않으려고 잠가 놓 은 금고의 이미지가 더 강하네요. 그런데 아뿔싸! 뛰는 놈 위에 나는 놈이라고. 아무리 단단히 잠가 놓은 보물 상자 라 하더라도, 상자째 들고 튀는 대범한 도둑놈이 생기면 그야말로 낭패가 아닐 수 없습니다. 들고 튀는 놈은 오히 려 단단히 잠가 놓은 상자가 그저 고마울 뿐입니다.

재주는 누가 넘고 돈은 누가 챙긴다고, 장자가 보기에는 인류 문명사의 온갖 좋은 제도와 법률은 결국 도둑놈들의 손아귀에 들어가 고스란히 인간을 죽이고 억압하는 데 쓰일 수도 있습니다. 예를 들어 민주주의라는 형식을 빌려 독일의 히틀러가 집권하고 나치즘을 확산하면서 전횡을 일삼았던 것처럼 말이지요.

심지어 도둑놈들도 노골적으로 "나 도둑놈이다" 말하지 않고 세상에서 칭송받는 말로 자신을 포장할 줄 압니다. 중국 최고의 도둑놈 도척의 부하가 "도둑질에도 도가 있습니까?"라고 묻자, "당연히 있지. 방 안에 어떤 물건이 감추어져 있는지 아는 것이 성(聖)이요, 가장 앞서서 침입하는 것은 용(勇)이요, 훔쳐 나올 때 가장 뒤에 서는 것이 의(義)요, 도둑질의 성패를 아는 것이 지(知)요, 훔친 것을 고르게 나누는 것이 바로 인(仁)이다."라고 말했다고 합니다.

생각해 보면 '정의사회구현'을 외쳤던 집권자가 정의롭지 못한 일을 가장 큰 규모로 가장 많이 자행했고, '공정사회'를 외치던 집권자는 자신과 주변에는 공정했을지 모르지만, 대부분의 사람에게는 불공정한 모습을 보이고 있습니다. 언어와 삶이 서로를 배신하고, 사람들을 더 편하게 하고자 만들었던 제도와 법률이 사람들의 삶을 더욱 불편하게 만드는 일도 이제는 아주 흔해졌습니다. 게다가 그놈의 제도와 법률이란 것도 있는 사람, 높은 사람에게는 적용이 안 되고 없는 사람, 낮은 사람에게만 적용되는 편파적인 도구가 되어 버렸으니, "유전무죄, 무전유죄" 민중의 삶은 더욱 비참해집니다.

그리하여 장자는 차라리 도둑질당할 만한 것들을 모두 없애자고 과격하게 제안합니다. "성인을 없애고 지혜를 버리고, 쓸데없이 욕망을 자극하는 온갖 이기들을 없애고, 잘난 척하는 지식인들의 입을 틀어막자"고 제안합니다. 그러면 사람들의 눈이 밝아져 스스로 보고, 귀가 밝아져 스스로 듣고, 지혜가 스스로 생겨 잘못된 것에 속거나, 한쪽으로 치우친 견해를 갖지 않게 된다고 말하지요. 장자의 주장처럼 온갖 것을 없앤다고 사람들이 본래의 모습을 되찾을지는 의문입니다.

하지만 인간의 역사를 추적해 보면 대부분의 법과 제도, 사상, 종교, 정치, 예술, 철학은 지배자(성인이 되었든, 도둑놈이 되었든)의 이익을 관철하는 이기(利器)였음을 간파할 수 있습니다. 소수에게만 이기였다면 다수에게는 흉기(凶器)임이 분명합니다. 소수가 행복하기 위해 다수가 불행해지는 사회는 권장할 만한 사회가 아닙니다. 양극화 현상은 오늘날 더욱 극심해졌을 뿐, 역사 과정 내내 관철되어 온 일반 법칙처럼 여겨집니다. "가난은 나라님도 구제하지 못한다"면, 나라님의 풍족함은 추문(醜聞)이 되어야 합니다. 그런 나라님의 존재를 유지시키는 모든 것에 침을 뱉고, 그들의 탐욕을 충족시키는 온갖 것들을 해체하고, 그 자리에 생생한 민중의 삶을 되돌리려 했던 장자의 고심을 쉽게 볼 수만은 없을 것 같습니다.

보물이 귀하기에 보물 담을 상자를 마련하고, 거기에 온갖 잠금장치를 만들어 장착하는 것이 지혜인 줄 알았는데, 정작 도둑놈이 상자째 훔쳐 가 보물을 제멋대로 사용하는 것을 보며 깨닫게 됩니다. 진정한 지혜는 보물 자체를 없애는 것이라고. 보물이 없다면 상자도 필요 없고, 상자가 없다면 자물쇠도 필요 없다고. 보물이 없다면 지킴도 훔침도 불가능합니다. 언박싱의 즐거움은 사라지겠지만, 도난당할 염려도 사라집니다. 성인도 사라지고, 도둑도 사라집니다. 소유의 멈춤이 주는 평안(平安)입니다.

지배 중독에서 벗어나기

– 11편 〈재유在宥〉

하늘과 땅이 맡은 바가 있고 [天地有官]

음과 양이 간직한 바가 있다. [陰陽有藏]

너는 삼가 몸을 지켜라. [愼守汝身]

그러면 만물도 또한 너와 함께 피어날 것이다. [物將自壯]

뭔가를 하려는 게 힘든가요? 아니면 뭔가를 안 하려는 게 힘든가요? 물론 아무것도 안 하는 사람이라면 뭔가를 하려는 게 힘들 수 있습니다. 또 뭔가를 하려고 해도 할 수가 없어서 못 하는 경우도 있지요. 그런데 말입니다. 뭔가에 중독되어 있는 사람이 있다면 그 중독에서 벗어나기가 정말로 어렵다는 것을 알 수 있습니다. 알코올중독, 니코틴중독, 마약중독 등 결코 쉽게 벗어날 수 없는 중독들이 너무도 많습니다.

대부분의 중독은 의식 단계를 넘어서 무의식 단계까지 지배합니다. 그래서 자신이 중독되어 있다는 사실조차 망각하게 만들지요. 게다가 중독된 것이 불편한 것이 아니라 마치 자연스러운 것처럼 생각하게 된다면 그야말로 치명적인 중독 단계에 도달한 것입니다. 예를 들면 일에 중독된 사람들은 자신이 중독에 빠져 있다고 생각하지 않고 뭔가 중요한 일을 하는 중요한 사람이라고 생각하기 쉽습니다. 그러니 결코 벗어나고 싶지 않겠지요.

지배 중독은 어떻습니까? 남에게 큰 영향력을 행사하는 사람일수록 지배 중독에 빠져들기 쉽습니다. 그리고 자신이 행사하는 지배력을 선의로 포장하려 합니다. "다 너 잘되라고 그러는 거야." 주변에서 흔히 들을 수 있는 이 말도 사실 지배 중독적 언어입니다. 인류 사회는 오랫동안 지배와 피지배의 관계 속에서 사회를 운영해 왔습니다. 그래서 지배하는 사람은 너무도 자연스럽게 자신의 지배를 당연한 것으로 생각합니다. 그리고 오랫동안 지배를 받는 사람들도 자신이 지배받는 것에 대해 의문을 제기하지 않지요. 그리하여 지배 중독은 더욱 만성적으로 사회 곳곳에 침투합니다.

남들보다 조금만 재력이나 권력이 있다면 대부분의 사람은 자신의 지배력을 남에게 행사하려 합니다. 그리하여 인류는 오랫동안 지배 중독에서 벗어나지 못하게 되어 버렸습니다. 노자나 장자의 무위(無爲)는 바로 지배 중독에서 벗어나기 위해 지배자들이 갖추어야 할 덕목입니다. 진정으로 세상을 얻고자 한다면 지배 중독에서 벗어나야 합니다.

노자 《도덕경》 48장을 읽어 보겠습니다. "배움을 얻으려면 날마다 쌓아야 하고, 도를 얻으려면 날마다 덜어 내야 합니다. 덜고 또 덜어 무위의 경지에 도달해야 합니다. 무위의 경지에 도달하면 하지 못할 것이 없게 되지요. 마찬가지로 세상을 얻고자 하는 자는 항상 일을 만들지 않습니다. 일을 만들면 세상을 얻기에 부족해지지요. [爲學日益 爲道日損 損之又損 以至於無爲 無爲而無不爲矣 故取天下者 常以無事 及其有事 不足以取天下]"

시로 쓴 노자 48장을 이야기로 만들면 장자 외편의 네 번째 편인 〈재유〉가 됩니다. '재유'라는 제목은 첫 번째 문장에 나오는 동사를 따라 지은 것입니다. 첫 문장은 이렇습니다. "천하를 있는 그대로 두라는 말은 들었지만, 천하를 다스리라는 말은 듣지 못했다. [聞在宥天下 不聞治天下也]"

이 문장에서 보이듯 '재유'는 있는 그대로 두라는 말이고, '치(治)'는 다스린다는 뜻이니, 우리에게 친숙한 개념과 연결하자면, 재유는 무위(無爲)이고, 치는 유위(有爲)인 셈입니다.

〈재유〉 편은 인위적으로 세상을 바꾸려는 노력을 멈추고 자연스럽게 세상을 그냥 두라고 말합니다. 도(道)가 사라지고 덕(德)이 없어진 것은 억지로 세상을 바꾸려 했기 때문이라고 말하지요. 세상을 억지로 바꾸려는 노력은 그것이 선한 의도이든 악한 의도이든 결국 나쁜 결과를 낳게 된다고 이야기합니다.

이러한 진술은 불의한 세상을 향해 저항의 몸짓을 하는 민중의 항거를 무력화하는 반동적인 의미로 해석할 수도 있지만, 그것은 본래 노자나 장자의 의도에서 벗어난 접근법입니다. 노자의 시나 장자의 이야기는 모두 통치자들의 전횡을 막기 위한 경고에 가깝습니다. 그러니까 민중에게 저항하지 말라고 막아서는 것이 아니라, 통치자에게 민중을 괴롭히는 일을 그만두라고 말하는 것입니다.

괜히 지배한답시고 민중을 괴롭히지 말고, 오히려 자신의 지배 중독에서 벗어나야지만 세상이 자연스럽게 돌아간다고 장자는 충고합니다. 남 걱정하지 말고 "너나 잘하세요"라고 말하는 것 같지 않나요? 상대방을 잘되게 해 주겠다며 그를 지배하려고 하면 상대방뿐만 아니라 자신조차 병들게 됩니다. 사랑하는 사람이 있다면 그 사람을 지배하려 하지 않고 그를 있는 그대로 긍정해 보면 어떨까요? 아내가 남편을, 남편이 아내를, 부모가 자식을, 자식이 부모를 자신의 바람대로 바꾸려 하지 않고, 그가 진정으로 원하는 모습대로 살 수 있도록 지원하고 바라봐 줄 필요가 있습니다. 돕되 지배하지 않기, 바라보되 참견하지 않기, 지배에서 벗어나는 방법입니다.

하늘과 땅은 하늘과 땅의 일을 하고, 음과 양은 음과 양의 일을 하듯이, 자신은 자신의 일을 하면 그뿐입니다. 서로가 지배가 아닌 조화를 이루며 살게 될 때 만물은 자신의 모습을 활짝 피울 것입니다. 만화방창(萬化方暢), 온갖 존재가 자신의 모습대로 따뜻한 기운 아래 생명력을 뿜어내는 세상, 이것이 노자와 장자가 꿈꾼 세상입니다.

사람의 마음 기계의 마음

− 12편 〈천지天地〉

도란 만물을 덮어 주고 실어 주는 것이다. [夫道覆載萬物者也]

얼마나 넓고 큰가. [洋洋乎大哉]

군자들이 그의 마음을 비우지 않으면 받을 수 없다.

[君子不可以不刳心焉]

무위로써 일하는 것을 하늘이라고 말한다. [無爲爲之之謂天]

무위로써 말하는 것을 덕이라고 말한다. [無爲言之之謂德]

사람의 몸은 사방 2미터를 넘지 못하지만, 그의 마음은 물리적 거리를 넘어섭니다. 그 마음을 자신에게만 쏟으면 이기주의자가 되고, 가족에게만 국한하면 가족주의자가 됩니다. 비록 작은 몸뚱이지만 그 몸뚱이가 품은 생각의 크기가 그 사람의 크기가 됩니다. 가족만 품은 사람에게 공동체를 맡길 수 없고, 지역만 품은 사람에게 나라를 맡길 수 없으며, 나라만 품은 사람에게 세상을 맡길 수 없습니다. 다시 말해 그 사람이 지닌 마음의 그릇보다 더 큰 것은 줘도 못 받게 됩니다.

장자의 도(道)는 우주 만물을 품습니다. 가장 큰 것이라 볼 수 있지요. 그래서 도를 품으려는 자는 우주만큼 마음을 비워야 합니다. 마음의 크기가 우주를 담을 수 있다면 그는 억지로 일하지 않아도 자연스럽게 일하게 되고, 억지로 말하지 않아도 자연스럽게 말하게 됩니다. 태어나고 죽음도, 가난과 부유함도, 지위의 높음과 낮음도 그를 좌지우지하지 못합니다. 그는 하늘의 사람이기 때문입니다. 장자 12편인 〈천지〉는 이러한 사람들의 이야기입니다. "그 마음이 하늘과 땅만큼 바다만큼 커서 널리 만물이 그를 따르는 사람, 금을 산에 저장하는 사람, 진주를 연못에 저장하는 사람, 재물을 이익이라 생각하지 않고 부귀를 가까이하려 들지 않는 사람, 오래 사는 것을 좋아하지 않고, 일찍 죽는 것을 슬퍼하지 않는 사람, 재물로 얻은 것을 영화롭다 여기지 않고, 궁핍함을 수치로 생각하지 않는 사람!" 그런 사람이라면 천가의 임금 자리도 영예롭다 여기지 않을 것입니다. 그에게 "만물은 한 가지 세계이며, 생사는 같은 모습일 뿐입니다. [萬物一府 死生同狀]"

〈천지〉 편에 등장하는 사람들을 열거해 보자면 전설의 임금 황제와 신하 상망, 요임금과 스승 허유, 요임금과 화땅의 국경지기, 우임금과 제후 백성자고, 공자와 노자, 공자의 제자 자공과 채소밭의 노인 등이 등장합니다. 장자 이야기의 재미난 점은 위대한 사람들이 무명인에게 도를 전하는 것이 아니라, 반대로 무명인들이 위대한 성인에게 도를 전하는 방식으로 전개된다는 점입니다. 그중에서 오늘날에 읽어도 그 울림이 큰 에피소드 하나를 소개합니다. 자공과 노인의 이야기입니다.

공자의 제자 자공이 초나라를 유람하고 진(晉)나라를 돌아오다가 강가에서 채소밭을 돌보는 노인을 보게 됩니다. 노인은 땅을 파고 우물에서 항아리로 물을 퍼 채소밭에 주고 있었습니다. 그 모습이 힘들어 보이고, 일에 진척도 없어 보였습니다. 자공은 노인을 불쌍히 여겨 밭에 물을 대는 기계를 써 보는 것이 어떻겠냐고 제안합니다. 나무에 구멍을 뚫어 만든 기계인데 뒤는 무겁고 앞은 가벼워 손쉽게 물을 푸고 빠르게 물을 나를 수 있습니다. 요즘 말로 치면 기계화, 자동화 장치를 설치하면 삶의 편리를 얻을 수 있다는 것입니다. 그런데 그 노인은 친절한(?) 말을 하는 자공에게 이렇게 응대합니다.

"내가 우리 선생님에게 들으니, 기계를 가진 자는 반드시 기계를 쓰려 하고, 기계를 쓰는 자는 반드시 기계에 마음을 쓰게 되고, 기계를 쓰려는 마음[機心]이 가득 차 있으면 순박함이 사라지고, 순박함이 사라지면 정신과 성격이 불안정해지고, 정신과 성격이 불안정해지면 도(道)가 깃들지 않게 된답디다. 나는 기계의 쓰임을 알지 못해 사용하지 않는 것이 아니라 기계를 쓰는 것이 부끄러워 쓰지 않고 있지요."

자공은 노인의 말을 듣고 부끄러워 얼굴이 하얗게 변합니다. 자공이 공자가 아닌 다른 스승을 만나게 된 것이지요. 훗날 자공이 노나라에 돌아와 공자를 만나 그 노인의 이야기를 전합니다. 공자는 자공에게 이렇게 말합니다.

"그는 혼돈 씨의 술법[混沌氏之術]을 배워 닦은 사람이다. 그는 하나를 알고 둘을 모르며, 안을 다스리고 밖을 다스리지 않는다. 그의 마음은 밝고 소박하며, 무위로 소박함

을 회복하고 본성대로 신과 함께 속세에서 놀고 있는 중
이다. 뭘 그리 놀라느냐? 혼돈 씨의 술법을 너와 내가 어
찌 알겠느냐?"

〈천지〉 편에서는 공평하게도 노인만 부각하지 않고 이야
기 끝에 공자를 등장시켜 사태를 객관적으로 바라볼 수
있는 거리를 제공합니다. 자, 이제 자공에게 두 명의 스승
이 있습니다. 한 분은 늘 모시고 따르는 공자입니다. 세상
만사를 분별하고 백성을 사랑하고 그들의 삶을 더 좋게
만들기 위해 애써 실천하는 스승입니다. 그의 관심사는
눈앞에 펼쳐진 노나라의 실정이며, 그 실정을 개선하는
것에 헌신합니다. 또 다른 스승은 채소밭에서 만난 노인
입니다. 인간의 편리를 제공하는 기계를 몰라서 쓰지 않
는 것이 아니라, 그 기계를 사용하는 것이 궁극적으로 천
지간에 살아 있는 도를 훼손하고 인간의 순박함을 사라지
게 하여 인간의 정신과 성격을 불안정하게 만들까 봐 쓰
지 않는다고 말하는 스승입니다.

근대화의 시기라면 공자를 따르겠지만 근대 이후에 4차
산업의 도래와 기후 위기와 양극화 현상을 겪고 있는 현

대라면 노인의 가르침에 더 귀를 기울이게 됩니다. 천지의 마음을 인간의 마음으로 축소시키고, 다시 인간의 마음을 기계의 마음으로 변형시키는 '호모 데우스'의 운명을 사뭇 걱정하게 됩니다. 단 하루도, 아니 단 한 시간도 스마트폰이 없으면 불안해하는 사람들을 쉽게 관찰할 수 있습니다. 그렇게 우리는 부지불식중에 기계의 마음에 자신을 동조하며 살고 있습니다. 그 좁은 손바닥 세계에 갇힌 채 살아가는 삶이 행복한가? 거기에 빠져 있는 동안 인간의 마음은 어디에 있는가? 노인이 그렇게 우리에게 묻고 있는 것 같습니다.

하늘의 즐거움을 아는 사람

– 13편 〈천도天道〉

하늘의 즐거움을 아는 사람은 [知天樂者]

삶이 천체의 운행과 같고, [其生也天行]

죽음이 물건의 변화와 같다. [其死也物化]

고요할 때는 음(陰)과 같은 덕을 지니고, [靜而與陰同德]

움직일 때는 양(陽)과 같은 율동을 지닌다. [動而與陽同波]

그러므로 하늘의 즐거움을 아는 사람은 [故知天樂者]

하늘에 대한 원망이 없고, [無天怨]

사람에 대한 비난이 없고, [無人非]

물건에 의한 재난이 없고, [無物累]

귀신에 의한 책망이 없다. [無鬼責]

공자가 성인의 길을 따르려는 사람이었다면, 장자는 성인
이 따랐던 하늘의 길을 따르려는 사람이었습니다. 성인
의 길을 따르려는 사람은 성인이 이룩한 문명을 본받았
고, 하늘의 길을 따르려는 사람은 하늘이 따랐던 자연을
본받았습니다. 이를 일컬어 인위(人爲)의 길과 무위(無爲)
의 길이라 합니다. 인위의 길과 무위의 길은 겹치기도 하
고 구별되기도 합니다. 인위의 길은 쌓이는 길이고, 무위
의 길은 쌓이지 않는 길입니다. 쌓이면 문명이 되고, 쌓이
지 않으면 자연이 됩니다. 제왕이나 성인은 문명의 길로
갈 수도 있고 자연의 길로 갈 수도 있습니다. 문명이 하늘
의 길을 잊지 않는다면 오래가고, 하늘의 길을 잊게 된다
면 편리와 이익을 좇는 쇄락의 길로 들어서게 됩니다.

장자 13편 〈천도〉는 하늘의 길을 가는 사람의 이야기입니
다. 이는 12편 〈천지〉와 14편 〈천운〉과 더불어 무위자연(無
爲自然)의 하늘을 본받아 본래의 삶으로 돌아가라는 장자
의 외침이 생생하게 담겨 있습니다. "텅 비고 고요하며 적
막하게 아무것도 하지 않는 것이 하늘과 땅의 기준이며,

도덕의 극치이다. 그러므로 제왕이나 성인은 그런 경지에 머문다. 거기에 머물면 텅 비게 되고, 텅 비면 모든 것이 차게 되고, 모든 것이 차면 갖추게 된다. 텅 비면 고요하고, 고요하면 움직이고, 움직이면 얻게 된다. 고요하면 무위하고, 무위하면 일을 맡고 책임을 지게 된다. 무위하면 즐겁게 되고, 즐거우면 걱정과 근심이 없어져 장수할 수 있다"

아울러 하늘을 본받는 사람의 즐거움을 이야기합니다. "사람과 조화하는 것을 인간의 즐거움이라 하고, 하늘과 조화하는 것을 하늘의 즐거움이라고 한다." 장자는 하늘을 스승이라 말합니다. 그리고 이렇게 외칩니다. "나의 스승이여, 나의 스승이여! 만물의 변화에 눈물 흘리지 않고, 오래도록 혜택을 주면서도 어질다 하지 않고, 오래되었으나 오래되었다 하지 않고, 만물의 형상을 부여하였으나 솜씨 좋다 하지 않나니. 이것이야말로 하늘의 즐거움이리라!" 또한 "하늘의 즐거움은 성인의 마음으로 천하를 양육하는 것이니, 제왕의 덕은 하늘과 땅을 조상으로 삼고, 도와 덕을 주인으로 삼으며, 무위를 법도로 삼는 것이다. 무위하면 천하를 다스리는 데 쓰고도 남으나, 유위하면 천하를 다스리는 데 부족하다. 그러므로 옛사람들은 무위를 귀중하게 여겼다"라고 말합니다.

〈천도〉 편에는 순임금과 요임금의 이야기도 재밌고 노자를 찾아가는 공자와 사성기의 이야기도 재밌습니다만, 제 나라의 환공과 수레바퀴를 깎는 목수의 얘기에 눈이 갑니다. 삶과 말과 글의 관계를 밝히고 있는 이 에피소드는 글을 쓰는 나 같은 사람에게는 사뭇 놀라운 이야기이기도 합니다.

에피소드를 소개하기 앞서 장자는 이렇게 말합니다. "도를 배울 때 세상에서 귀중하게 여기는 것은 글이다. 하지만 글이란 말에 지나지 않는다. 말은 귀하다. 그런데 말이 귀한 것은 뜻이 있기 때문이다. 뜻은 따르는 바가 있다. 그런데 이 뜻이 따르는 바는 말로 전할 수 없다. 그런데도 세상은 말을 귀하게 여기고 글로 전하려 한다. 이는 귀한 것이 못 된다. ⋯그래서 아는 사람은 말하지 않고, 말하는 사람은 알지 못한다고 했다. 어떻게 그것을 알 수 있을까?"

뒤이어 환공과 목수가 등장합니다. 환공은 대청마루에서 책을 읽고 있고, 뜰 아래에는 목수가 수레바퀴를 깎고 있습니다. 그러다가 목수가 망치와 끌을 내려놓고 마루로 올라와 환공에게 묻습니다. "임금께서 읽고 계신 것에는 무엇이 쓰여 있는지요." 환공이 대답합니다. "성인의 말씀이다." 목수가 묻습니다. "성인은 살아 계신지요?" 환공은 "이미 돌아가셨다" 합니다. 그러자 목수가 말합니다. "그렇다면 임금께서 읽고 계신 것은 성인의 찌꺼기로군요." 이 말에 화가 난 환공이 말합니다. "감히 수레바퀴나 깎던 놈이 성인의 글을 농락하다니 제대로 해명하지 않으면 죽여 버리겠다."

목숨이 절체절명에 놓인 순간인데도 목수는 태연하게 말합니다. "수레바퀴를 깎는 일로 미루어 말한 것입니다. 수레바퀴를 깎을 때 엉성히 깎으면 헐렁해지고, 꼼꼼히 깎으면 빠듯해져 서로 들어맞지 않게 됩니다. 들어맞게 깎으려면 손의 감각과 마음이 그때그때 호응해야지 입으로 말할 수가 없습니다. 저는 아들이 있지만 그 법도를 말로 표현할 수 없어 말로는 가르치지 못하고, 아들도 말로는 배울 수 없습니다. 그래서 나이 칠십이 되도록 제 스스로 수레바퀴를 깎고 있는 것입니다. 옛사람의 정신도 마찬가지 아닌가요? 말로는 전할 수 없으니 옛사람과 함께 죽어 버린 것입니다. 그러니 임금께서 읽고 계신 것은 옛사람의 정신이 아니라 찌꺼기입니다."

생생한 자연과 인위의 문명, 생생한 삶과 인위의 말과 글의 대비는 이토록 다양하게 변주됩니다. 문명의 이기에 현혹되어 자연을 잊거나 화려한 말과 글에 빠져들어 본래 전하고자 했던 귀한 뜻을 잊지 말자고 장자는 말하는 듯합니다. 말과 글에 빠지지 말자는 장자의 글을 읽고 있는 나는 아득해집니다. 말의 문제를 말로 전하고, 글의 한계를 글로 표현해야 하는 아이러니는 작가의 운명인가 봅니다. 우리는 하늘에서 얼마나 멀리 떨어진 것일까요? 말과 글은 뜻에서 얼마나 멀어진 것일까요? 하늘의 즐거움에 도달하려면 얼마나 먼 길을 가야 할까요?

원숭이에게 옷 입히기

– 14편 〈천운天運〉

효도니 우애니 사랑이니 정의니 [夫孝悌仁義]

충성이니 믿음이니 정숙이니 청렴이니 하는 것들은 [忠信貞廉]

모두 본래 모습을 애써 노예를 만드는 것이다.

[此皆自勉以役其德者也]

부족함이 많다. [不足多也]

장자 14편은 수많은 질문으로 시작됩니다. "하늘이 움직이나? 땅이 멈춰 있나? 해와 달은 자리다툼을 하나? 누가 이것들을 조정하나? 끈으로 묶어 당기나? 누가 아무 일

없이 한가롭게 움직이는 걸까? 땅은 기계처럼 움직이는 것일까? 저절로 움직이는 것일까? 구름이 비를 오게 할까? 비가 구름을 만드는 걸까? 누가 구름을 일으키고 비를 내리게 하나? 할 일이 없어 그저 재미로 그렇게 하나? 바람은 북쪽에서 생겨, 서쪽으로 불고 동쪽으로 부는가? 위로 불면 빙빙 도나? 누가 불었다가 마셨다 하는 걸까? 누가 부채질이라도 하나? 아, 어찌 된 일인지 알고 싶구나."

오늘날이라면 천동설이냐 지동설이냐? 일식과 월식을 관찰한 것이냐? 중력의 법칙을 끈으로 비유한 것이냐? 유신론이냐 무신론이냐? 자동설이냐 타동설이냐? 대기의 움직임은 도대체 어떻게 생겨나는 것이냐? 기상과 일기는 어떻게 예상할 수 있느냐? 같은 질문으로 바꿀 수 있을 것만 같습니다. 하나하나가 모두 거대한 질문이고, 오래된 질문이고, 하나의 답으로 답할 수 없는 질문들입니다. 장자가 던진 질문의 크기는 참으로 크다 할 수 있겠네요.

최근 들어 거대한 역사(big history)를 다룬 책들이 유행하고 있습니다. 우주의 탄생으로부터 우주 전체를 조망하는 칼 세이건의 《코스모스》나 인류 전체의 모습을 조망한 유발 하라리의 《사피엔스》는 대표적인 저술이라 할 만합니다. 칼 세이건은 태양계 끝에서 바라본 지구의 모습을 '창백한 푸른 점'에 비유한 적이 있습니다. 지금까지 인류가 발견한 행성 중 유일하게 생명체가 발견된 행성입니다. 이 별에 인간이 등장하여 수많은 신분과 계급이 만들어지고, 수많은 종교와 이데올로기가 만들어졌으며, 그러한 이념과 제도의 충돌이 인류를 전쟁으로 몰아갔고, 학살과 억압, 기아와 난민들을 출현시켰습니다. 특히 절대와 최고를 자랑하는 이념과 제도일수록 더욱더 인간을 궁지에 몰아넣었습니다.

공산이 독재를 정당화하고, 민주가 차별을 용인하며, 정의가 불의를 낳고, 자유가 불평등을 조장하는 이상한 역사를 지금껏 체험하고 있습니다. 인간의 행복을 위한다고 만들어 놓은 이념과 제도가 오히려 인간을 노예로 만드는 모습은 이제 너무도 흔하여 굳이 사례를 들지 않아도 될 듯합니다.

장자 14편인 〈천운〉 편을 읽다 보면, 과거 임금의 업적이나 그들이 만들어 놓은 이념이나 제도를 칭송하고 따르는 것이 얼마나 어리석은 일인지 다양한 사례를 들어 비판합니다. 유학에서 칭송해 마지않는 공자도 예외는 아닙니다. 사금이란 인물은 공자를 평하기를, 제사 때 쓰고 버리는 짚강아지를 주워다 소중하게 보관하는 사람과 같다고 말합니다. 시간에 따라 변하는 예의나 법도를 모르고, 옛 주나라의 법도를 따르려고 하는 것은 "원숭이를 데려다 주공의 옷을 입혀 놓은 것과 마찬가지이다. 원숭이는 옷을 물어뜯고 찢어 버리고 몽땅 없앤 뒤에야 만족할 것이다. 지금이 옛날과 다른 것은 원숭이와 주공이 다른 것과 같다. 미인 서시는 가슴앓이가 있어 이마를 찌푸리고 다녔다. 그 동네 추녀가 그것을 보고 아름답다 여겨 집에 돌아와서는 서시를 따라 가슴에 손을 얹고 이마를 찌푸리고 다녔다. 마을 부자는 그걸 보고 문을 걸어 잠그고 나가지 않았다. 가난한 사람들은 그걸 보고 처자를 데리고 마을을 떠나 버렸다. 추녀는 찌푸린 이마가 아름답다는 것만 알았지 왜 아름다운지는 몰랐던 것이다. 안타깝다. 공자도 이런 궁지에 빠질 것이다."라고 혹독하게 비판합니다.

공자를 비판하는 글을 읽다가 뜨끔해집니다. 나 역시 옛 찌꺼기를 소중하게 생각하는 인문학자로서 변화된 세상을 읽어 내지 못하고, 낡은 세계를 고집하는 사람은 아니던가? 미인 서시의 아름다움은 간파하지 못하고 그의 찌푸린 이마만을 칭송하는 뚜쟁이는 아니었던가? 아니 그 서시의 이마를 따라 하다가 주변 사람들한테서 외면당하는 신세로 전락한 것은 아닌가? 이미 궁지에 빠진 것조차 모르고 있는 건 아닌가?

시대착오적인 이념은 우리를 슬프게 합니다. '나 때'를 외치는 노년의 강변은 눈살을 찌푸리게 합니다. 역사를 되돌리는 지도자의 몸짓은 민중의 삶을 고달프게 만듭니다. 고리타분한 충고를 반복하는 어른들의 모습에 청년들은 지쳐 갑니다. 부와 명예가 한쪽으로만 쏠려 있는 모습은 사회를 불구로 만듭니다. 그래서 장자도 "명예란 같이 쓰는 그릇이다. 혼자 많이 가지려 해서는 안 된다. 사랑과 정의는 옛 임금의 여관이다. 하룻저녁 묵는 것은 괜찮겠지만 오래 묵을 곳은 못 된다. 오래 묵으면 책망이 많아진다."라고 말한 것입니다. 책망받지 않고 스스로 자연스럽게 변화할 수 있는 길을 찾아봐야겠습니다.

나는 어떤 지식인인가?

– 15편 〈각의刻意〉

뜻을 높이지 않고도 높은 사람, [若夫不刻意而高]

어짊과 의로움이 없이도 몸을 닦는 사람, [無仁義而修]

공로와 명성이 없이도 다스리는 사람, [無功名而治]

강과 바다에 노닐지 않고도 한가로운 사람, [無江海而閒]

기운을 끌어들이지 않고도 장수하는 사람, [不導引而壽]

잊지 않는 것이 없는 사람, [無不忘也]

그러고도 갖추지 않는 것이 없는 그런 사람. [無不有也]

예전에는 소위 피부터 고귀한 자, 귀족이라 불리는 자들은 왕공대부(王公大夫)라 했습니다. 그들은 땅과 재산과 백성들을 소유했기에 그들의 자식(정확히 말하면 적장자)들은 따로 공부하지 않아도, 물려받은 피만으로 모든 것을 물려받을 수 있었지요. 물론 이 귀족의 자식들은 일찍이 왕자님, 공자님, 군자님이라 불리며 제 아비의 모든 것을 물려받을 수 있도록 특별히 관리를 받았지만요. 그 귀족 끄트머리에는 선비가 있었습니다. 물려받은 것은 오로지 몸뚱아리 하나밖에 없었으니 이 몸뚱아리를 잘 닦아서 실력을 쌓아야 했지요. 그것을 고전에서는 수신(修身)이라 합니다. 요즘 말로는 학력과 스펙 쌓기에 해당하는 것입니다.

고전에서는 선비[士]라 하지만, 요즘 말로는 지식인(전문가)이라 할 수 있습니다. 춘추전국시대는 난국(亂國)이라 이 난국을 헤쳐 나가려면 별의별 지식이 필요했지요. 정치, 경제, 군사, 외교, 문화, 교육에 관한 지식을 습득한 자들이 세상에 나아가 자신의 실력을 자랑하고 관료가 되기를 바랐습니다. 그래서 이 나라 저 나라를 떠돌며 자신을 세일즈하며 살았는데, 전국을 떠도는 세일즈 행위를 유세(遊說)라 했습니다. 유세객(遊說客)이라는 말이 여기서 나왔습니다. 우리가 알고 있는 대표적인 유세객이 바로 공자

(孔子), 맹자(孟子), 순자(荀子) 등입니다.

유세를 잘해서 출세(出世)한 지식인들도 있었지만, 대부분의 지식인들은 출세에 실패하는 고배(苦杯)를 마셔야 했습니다. 경쟁률 높은 국가고시에 붙거나, 남들이 부러워하는 회사에 입사하는 것이 쉬운 일이 아닌 것과 마찬가지로요. 그리하여 낙향(落鄕)하여 다음번 출세를 준비하거나, 아예 출세를 포기하는 지식인들도 넘쳐 났지요. 오늘날 고학력 실업자들이 넘쳐 나는 것처럼요.

《장자》 15편 〈각의〉에는 온갖 지식인들이 나옵니다. 장자는 크게 다섯 부류로 지식인을 나눴는데요. 하나하나 알아볼까요. 우선 '산곡지사(山谷之士)'가 있습니다. 말 그대로 산골짜기에 숨어 사는 지식인입니다. 그들은 세상과 동떨어져 사람들과 다르게 살며 고답적인 이론으로 세상을 원망하며 세상을 비판하는 것을 좋아합니다. 그것이 마치 고상한 행위인 양 날카로운 마음[刻意]을 갖고 살지요. 다음으로는 '평세지사(平世之士)'가 있습니다. 입으로는 인의(仁義)니 충신(忠信)을 말하고, 몸으로는 공손하고 겸손하며, 자신보다는 남을 치켜세우면서 겸양해 보이는 지식인입니다. 이들은 사람들 가르치는 것을 좋아하고 여기저기 돌아다니며 이야기하는 것을 좋아하는 사람입니다. 다음으로는 출세주의자라 할 만한 부류인데 장자는 이를 '조정지사(朝廷之士)'라고 했습니다. 뛰어난 공적을 말하고 큰 명예를 세워 임금을 높이고 강국(强國)을 만드는 것을 자랑으로 생각하는 지식인입니다. 오늘날로 말하면 고위 관료나 회사의 중역에 해당하는 사람들이겠지요. 이들과는 다른 부류로 '강해지사(江海之士)'가 있습니다. 말뜻 그대로 강이나 바다에 노닐면서 물고기나 낚으며 한가로이 지내는 것을 좋아하는 사람입니다. 복잡한 세상을 피해 자연 속에서 살면서 유유자적한 삶을 사는 사람이지요. 재미난 지식인도 있는데요, '도인지사(導引之士)'가 있습니다. 건강을 위해 호흡법과 다양한 기체조를 하면서 몸을 보양하는 것을 전문으로 하는 지식인입니다. 이들의 목표는 건강과 장수(長壽)입니다. 요즘에 유행하는 건강 전도사, 피트니스 클럽 지도사, 기공이나 호흡법 강사들이 이 부류에 속하겠네요.

자, 여러분은 어느 부류에 속하십니까? 나로 말할 것 같으면, 아마도 '평세지사'에 해당할 것 같습니다. 여기저기 다니면서 인문학을 팔고 다니는 지식인이니까요. 아마도 대부분의 재야(在野) 지식인들이 여기에 속하는 사람일 텐데요. 이런 지식인들에게 출세할 수 있는 기회만 주어진다면 웬만한 지식인들은 분명 '조정지사'로 변신할 확률이 높습니다. 나라에서 발탁하고, 대학에서 모셔 가고, 방송국에서 부른다면 누군들 이를 마다하겠습니까. "돈이 없지 가오가 없냐?"라고 호기 있게 말하지만, 돈 앞에서 체면 따위는 결국 버리는 사람이 넘쳐 납니다.

장자는 어디에 속하는 사람일까요? 보통 은둔 생활을 하고 세상을 비판하면서 자연 속에서 유유자적한 삶을 사는 '산곡지사'나 '강해지사'를 떠올리겠지만, 장자는 이런 지식인들을 비판합니다. 장자는 세속에서 벗어나 유유자적한 삶을 사는 사람이 아니라 세속으로 들어가 도를 따르며 이웃과 더불어 살았던 지식인입니다. 그렇다면 장자는 우리에게 어떤 지식인의 모습을 권장할까요? 장자는 이 다섯 부류의 선비(지식인)들을 열거하며 특징을 설명한 후, 이와는 달리 자연의 도를 따르는 성인(聖人)은 이들과 다르다고 말합니다. 장자가 모델로 삼았던 성인(지식인)은 어떤 사람일까요? 다섯 부류의 지식인들이 추구하는 것 없이도 온전히 자신의 삶을 살아가는 사람입니다.

장자의 원문을 제 방식으로 변형 해석해 보았습니다.

사랑을 말하지 않고 사랑하는 사람,
정의를 외치지 않고 정의로운 사람,
공로를 드러내지 않아도 넘치는 사람,
이름이 알려지지 않아도 다 아는 사람,
높은 지위에 오르지 않아도 드높은 사람,
비싼 옷과 장신구로 치장하지 않아도 빛나는 사람,
살면 살수록 자연을 닮아 가는 사람. 그런 사람!

문명의 계보학

– 16편 〈선성繕性〉

세상은 도를 잃었고, [世喪道矣]

도는 세상을 잃었다. [道喪世矣]

세상과 도가 서로를 잃은 것이다. [世與道交相喪也]

그러니 도를 닦는 사람인들 무슨 수로 세상을 일으키겠으며,

[道之人何由興乎世]

세상 역시 무슨 수로 도를 일으키겠는가? [世亦何由興乎道哉]

도는 세상에 일어날 수 없고, [道無以興乎世]

세상은 도를 따라 일어날 수 없다. [世無以興乎道]

인간은 언어를 배우면서 진선미(眞善美)를 추구해 왔습니다. 내 말은 진실한가? 내 말은 선한가? 내 말은 아름다운가? 우리는 묻습니다. 그리고 흔들리지 않는 태도와 입장을 모아 지식을 만들었습니다. 그리고 그 지식을 다시 언어로 전하려 노력했습니다. 그래서 그랬는지 말에는 힘이 있습니다. 말에는 지시적 기능 말고도 수행적 기능이 있습니다. '칼'이라는 단어는 칼 모양의 물체를 가리키는 기능도 있지만, "칼은 위험하니 만지지 마"라든지 "저기 있는 칼을 갖다줘"라는 명령이나 부탁의 기능이 있습니다. 그러니까 '사랑'이라는 말도 어떤 마음의 상태를 나타내기도 하지만, "나는 당신을 사랑한다"라든가 "당신도 나를 사랑해 줬으면 좋겠어"라는 마음의 태도를 상대방에게 강제하기도 합니다.

어떤 말은 상대방에게 위로가 되기도 하지만, 어떤 말은 상처를 주기도 합니다. 부정의 말은 상대방을 해칩니다. 부정의 말뿐만 아니라 긍정의 말도 상대방에게 잘못 가닿아 부정적 효과를 낳기도 합니다. 우리나라에는 '자유'라는 말을 사랑하는 지도자가 있어 시도 때도 없이 '자유'를 외치지만, 정작 그 말을 외친 지도자는 '자유'롭지 못합니다. 아무리 좋은 말이라 할지라도 그 발화자가 그 말을 구현할 수 없을 때, 무력하거나 조롱거리가 되기도 합니다. 말은 상대방에게 무기처럼 쓰여 화살로 날아가기도 하지만, 자신을 해치는 부메랑으로 날아오기도 합니다. 말로는 세상을 구할 수 없습니다.

박남수가 쓴 〈새〉라는 시가 있습니다. 중간에 이런 구절이 있습니다. "새는 노래한다./ 그것이 노래인 줄도 모르면서// 새는 그것이 사랑인 줄도 모르면서/ 두 놈의 부리를/ 서로의 죽지에 파묻고/ 따스한 체온을 나누어 가진다." 새는 인위적 언어 없이 본성으로 노래하고 사랑합니다. 새의 삶에는 과장이나 허위나 화려함이 필요 없습니다. "새는 울어/ 뜻을 만들지 않고/ 지어서 교태로/ 사랑을 가식하지 않는다"고 시인은 노래합니다.

그러나 인간은 새처럼 살지 못합니다. 본성에 뭔가를 덧붙이려 합니다. 노자는 이러한 현상을 인위(人爲)라 말하고 비판적으로 보았습니다. 《도덕경》 38장에는 인위의 현상을 이렇게 이야기합니다. "도가 없어지면 덕이 나타나고, 덕이 없어지면 인이 나타나고, 인이 없어지면 의가 나타나고, 의가 없어지면 예가 나타난다. 예는 충성과 신의의 얄팍한 껍질이며 혼란의 시작이다."

《도덕경》 38장을 이야기로 펼치면 《장자》 16편 〈선성〉이 됩니다. 이 편에서는 유교에서 떠받들었던 온갖 성인들이 비판의 대상이 됩니다. 전설의 시대에 살았던 다섯 왕을 오제(五帝)라 칭하는데, 복희(伏羲), 신농(神農), 황제(黃帝), 당요(唐堯), 우순(虞舜)이 그들입니다. 이 중에서 앞의 세 사람은 삼황(三皇)이라 말하는데, 인류 문명에 필요한 엄청난 발명을 한 사람으로 알려져 있습니다. 복희는 '큰 하늘'이라 불렸으며, 사람 머리에 뱀 몸을 했으며, 사람에게 불과 사냥법을 알려 주었습니다. 신농은 소의 머리에 사람 몸을 했으며 사람에게 농업과 상업을 가르쳤습니다. 황제는 사람에게 집 짓는 법, 옷 짜는 법, 수레 만드는 법을 가르쳤고, 글자를 만들었다고 합니다. 그 뒤를 이은 당나라의 요임금과 우나라의 순임금까지 전설의 임금들입니다. 순임금을 이어 하나라의 우임금, 상나라의 탕왕, 주나라의 무왕, 문왕이 유학에서 태평성대를 누린 성인(聖人)으로 추대하는 분들입니다. 외우기 쉽게 '요순우탕문무'가 바로 성인이지요.

그런데 〈성선〉 편에서는, 수인과 복희가 천하를 다스리자 자연과 하나가 되지 않았고, 신농과 황제가 천하를 다스리자 자연을 따르지 않았으며, 요와 순이 세상을 다스리자 인위적 정치로 순진함과 소박함이 사라지고, 도에서 멀어지고 덕을 저버리게 되었다고 평합니다. 그 뒤를 따르는 임금들은 문명을 더하고 지식을 쌓아 백성들이 결국 미혹되어 혼란을 일으키게 되었다고 혹평합니다. 문명의 계보학이 의심되고, 진보의 역사학은 부정됩니다. 인간의 문명은 시간이 흐를수록 도(道)와 가까워지는 것이 아니라 도에서 멀어집니다. 불은 파괴이고, 농업은 사기이고, 정착은 노예화이고, 문자는 허구입니다. 역사가 흐를수록 "세상이 도를 잃었고, 도는 세상을 잃었습니다." 장자의 문명 진단이 심하지 않은가요?

현대사회라 해서 다를까요? 역사학자 유발 하라리의 진단대로, 인지혁명, 농업혁명, 과학혁명을 통과한 인류는 비약적인 물질문명의 발전을 이루었습니다. 그러나 그러한 발전에는 커다란 희생이 따랐습니다. 자연의 동물들은 대부분 멸종했으며, 인류도 사피엔스종만 살아남았습니다. 자연은 회복이 불가능할 정도로 훼손되었고, 생태는 파괴되었으며, 지구온난화는 걷잡을 수 없이 가속화되고 있습니다. 우리 인류의 삶이 더욱 쾌적해지거나 행복해진 것도 아닙니다. 심지어 우리는 우리의 멸종을 향해 눈먼 채 질주하고 있는지도 모르겠네요.

자유를 외치는 자 자유롭지 못하고, 정의를 외치는 자 정의에서 멀어집니다. 사랑을 말하는 곳에서 의심이 생겨나고, 믿음을 강조하면 불신의 세상이 틀림없습니다. 말없이 실천하면 의심이 사라지지만, 말로만 해결하려 하면 분노가 쌓이게 됩니다. 도(道)는 언어에 담을 수 없고, 언어에 담긴 도는 도가 아닙니다. 인간의 문명은 대부분은 지배자의 언어로 쌓아 놓은 모래성과 같습니다. 굳건할 것 같지만 언제나 허망하게 무너져 내렸습니다. 현대 문명을 성찰하면서 자연을 회복할 시간이 남아 있을까요? 만약에 희박하지만 그러한 시간이 남아 있다면, 우리는 무엇을 할 수 있을까요?

강과 바다의 대화

−17편 〈추수秋水〉

인위로 자연을 손상시키지 말라. [無以人滅天]

고의로 운명을 어기지 말라. [無以故滅命]

헛된 명성으로 목숨을 버리지 말라. [無以得殉名]

자연을 지켜 잃지 말라. [謹守而勿失]

이것이 참됨으로 돌아감이다. [是謂反其眞]

만약에 정말로 만나고 싶은 사람과 점심을 함께 할 수 있다면 당신은 얼마쯤 지불할 용의가 있나요? 가장 비싼 점심 식사 비용을 지불해야 만날 수 있는 사람은 아마도 워런 버핏이 아닐까 싶습니다. 투자의 천재 워런 버핏과 점심 식사를 함께 하기 위해서 1년에 한 번 경매가 열리는데요, 낙찰 비용은 보통 30~50억 원 정도라고 합니다. 최고의 낙찰가는 2019년 중국 가상 화폐 트론 창업자인 저스틴 선이 써낸 456만 7,888달러(약 57억 원)이었다고 하네요. 밥값이 아니라 아마도 그의 경륜에 대한 값이라 해야겠지요. 저스틴 선이 점심시간에 워런 버핏에게 무엇을 물었을지 사뭇 궁금해집니다.

현재의 인물이 아니라 역사적 인물을 만나서 점심 식사를 함께 할 수 있다면 당신은 누구를 만나고 싶나요? 그리고 그와 무슨 이야기를 나누고 싶은가요? 나라면? 당연히 장자겠지요. 그의 목소리를 직접 듣고 이야기를 나눈다면 얼마나 재밌고 놀라운 일이 벌어질까요? 그런 일은 일어나지 않겠지만, 나에게는 《장자》가 있습니다. 특히 〈추수〉 편은 특히 귀합니다.

《장자》 17편 〈추수〉 편은 황하의 신 하백(河伯)이 북해의 신 약(若)을 만나 나눈 광대한 이야기가 대부분입니다. 그 외에도 위나라 광땅에서 도적으로 오인당하여 갇힌 공자 이야기, 명가(名家)의 대가 공손룡 이야기, 장자가 초나라 재상 자리를 거절한 이야기, 장자의 친구인 혜시와 장자의 이야기 같은 다양한 에피소드들로 흥미를 더하지만, 앞부분에 나오는 하백과 약의 대화는 《장자》 전체의 이야기 중에서도 백미(白眉)라 할 수 있습니다.

가을 물이 불어 황하는 엄청난 기세로 흘러갑니다. 황하는 천하의 모든 아름다움을 자신이 갖추었다고 뻐기며 동쪽으로 흐르다가 드디어 북해에 이르지요. 황하는 북해를 보자 자신이 얼마나 작고 초라한 존재인지 깨닫게 됩니다. 황하 하백은 북해 약의 문하가 되어 평소에 궁금하던 것을 하나하나 묻기 시작합니다. 그리고 북해는 친절하게도 그의 질문에 상세히 답합니다. 이 둘의 문답을 따라가다 보면 마치 가장 만나고픈 사람을 만나 가장 귀한 시간을 보내는 것처럼 다정하기 그지없습니다. 그들의 이야기를 따라가 보겠습니다.

먼저 하백은 자신의 오만함을 사죄하며 약의 위대함을 칭송합니다. 하지만 약은 자신조차도 천지에 비하면 지극히 작은 존재라면서 크다 작다는 상대적인 견해일 뿐이니 그런 관점에 사로잡히지 말라고 말하지요. "중국도 사해 안에 있다고 생각해 보면 큰 창고 안의 한 톨 쌀알 같지 않을까요?"라고 물으면서, "사람도 만물과 비교해 보면 말 옆구리에 붙은 가느다란 털끝 같지 않을까요?"라고 물으면서 말입니다.

하백이 그러면 천지는 크고, 털끝은 작은 것이냐 물으니, 약은 그렇지 않다고 말합니다. "작다고 소홀하지 않고, 크다고 대단하게 여기지 않습니다. 크기에 끝이 없는 것을 알기 때문입니다. …시간이 멈추지 않는 것을 알기 때문입니다." 이런 관점에서 보자면 털끝이 작은 것 가운데 가장 작은 것이라 말할 수 없고, 천지가 큰 것 가운데 가장 큰 세계라고 할 수도 없습니다.

밑도 끝도 없는 물리학과 우주론적인 이야기가 이어지는 것을 보는 재미도 쏠쏠하지만 이러한 관점을 인간의 삶에 적용할 때가 더욱 흥미진진합니다. 과학에서 논리학을 거쳐 인문학으로 슬쩍 건너가는 장자의 글솜씨에 놀랍니다.

하백이 약에게 묻습니다. 인간들은 귀하고 천함을 구분하고, 큼과 작음을 구별하는데 그 기준은 무엇이냐고요. 그러자 약은 무엇의 관점으로 보느냐에 따라 다르게 대답할 수 있다고 말하면서 여섯 가지 관점을 제시합니다. ① 도(道)의 관점에서 보자면, 귀한 것도 천한 것도 없습니다.

②물(物)의 관점에서 보자면, 자기는 귀하고 상대방은 천합니다. ③세속[俗]의 관점에서 보자면, 귀천을 정함이 나에게 있지 않습니다. ④차이[差]의 관점에서 보자면, 크다 하면 모든 것이 크고, 작다 하면 모든 것이 작을 수 있습니다. ⑤쓸모[用]의 관점에서 보자면, 각기 쓰임에 따라 귀천이 결정될 것입니다. ⑥취향[趣]의 관점에서 보자면, 자신의 취향에 따라 달리 평가될 수 있지요. 무엇을 기준으로 보냐에 따라 귀천이 달라지고, 대소가 결정된다면 그것의 진위를 판단하는 것은 참으로 난감한 일일 것입니다. 그러니 귀함과 천함을 나누고, 큼과 작음을 구별하는 일 따위는 하지 말라는 것입니다. "하백! 부디 잠자코 입 다무세요. 귀천의 문이 어디에 있는지, 대소의 집이 어디에 있는지 어떻게 알겠습니까?"

굳이 무엇인가를 하고 싶다면 도(道)의 관점을 택하라 말합니다. 도는 영원회귀[反衍] 하며, 차별 없이 베풀고[謝施], 경계 없이[無方] 품기 때문입니다. 그러니 구분하고 차별하는 인위를 택하지 말고 본래의 모습에 따라 저절로 변화하는 자연을 따르라고 말합니다. 마지막으로 하백이 묻습니다. "무엇이 자연이고 무엇이 인위입니까?" 약의 대답은 간명합니다. "소나 말의 발이 네 개인 것이 자연이고, 고삐와 코뚜레는 인위입니다." 그리고 당부합니다. "인위로 자연을 손상하지 말고, 고의로 운명을 어기지 말고, 헛된 명성으로 목숨을 버리지 마세요. 자연을 지켜 잃지 말고, 참됨으로 되돌아가세요."

노자는 《도덕경》 40장에서 "도는 돌아가는 것[反者 道之動]"이라 말하더니, 장자는 《장자》〈추수〉 편에서 약의 목소리를 빌어 "참됨으로 돌아가라[反其眞]"라고 말합니다. 인위를 버리고 자연으로 돌아가라는 이 외침은 노자와 장자에게서만 들을 수 있는 목소리는 아닙니다. 오늘날에는 스웨덴의 청소년 그레타 툰베리의 목소리로 그리고 수많은 환경 운동가들과 생태 민주주의자들의 목소리로 우리에게 들려오고 있습니다. 그러나 그 목소리를 들을 수 있는 날들이 많이 남아 있지는 않습니다. 우리가 그 목소리에 화답하지 않는다면. 이대로 그냥 살아간다면?

진정한 즐거움이란

- 18편 〈지락至樂〉

과연 즐거움이란 있는 것일까, 없는 것일까? [果有樂無有哉]

나는 무위야말로 진실한 즐거움이라 여기고 있다.

[吾以無爲誠樂矣]

그러나 세속에서는 그것을 크게 괴로운 것으로 여긴다.

[又俗之所大苦也]

(…)

지극한 즐거움이란 즐거움이 없어 보이고, [至樂無樂]

지극한 명예란 명예가 없어 보인다. [至譽無譽]

행복하게 살기를 누구나 바랍니다. 즐겁게 살기를 누가 원하지 않겠습니까? 그러나 정작 행복하게 살려면, 즐겁게 살아가려면 무엇을 추구해야 하는지, 어떻게 살아가야 하는지 꼼꼼히 따져 보지는 않습니다. 기원전 3세기 무렵 등장한 쾌락주의 철학자들은 바로 이 행복의 문제를 꼼꼼히 따지고 있습니다. 행복 추구를 철학의 목표로 삼았던 에피쿠로스학파는 진정한 즐거움은 마음의 평정(平靜, ataraxia)이라고 보았습니다. 스토아학파는 무욕(無慾, apatheia)이라고 보았지요. 쾌락주의 철학의 대표급에 해당하는 이 두 철학 사조가 최고의 쾌락을 위한 덕목으로 평정과 무욕을 꼽았다니 놀랍지 않습니까? 우리는 보통 쾌락 하면 육체적 즐거움이나 먹고 마시는 것을 떠올리는데, 쾌락을 깊이 있게 생각해 본 서양 철학자들은 전혀 다른 결론에 이릅니다.

같은 시기 동양의 쾌락주의자 장자는 〈지락〉 편에서 진정한 즐거움에 대하여 꼼꼼하게 따져 묻습니다. 처음에 질문으로 시작합니다. "천하에는 지극한 즐거움이 있는 것일까, 없는 것일까? 자기 몸을 잘 살리는 길이 있는 것일까, 없는 것일까? 지금 우리는 무엇을 하고, 무엇을 버려야 하는가? 무엇을 피하고, 무엇에 몸담아야 하는가? 무엇을 따라 나가야 하고, 무엇을 버리고 떠나야 하는가? 무엇을 즐거워해야 하고, 무엇을 미워해야 하는가?"

그리고 일반적으로 세상에서 존중하는 것을 하나하나 꼽아 봅니다. 부귀(富貴)와 장수(長壽)와 명예(名譽), 몸의 안락과 맛있는 음식, 아름다운 옷과 멋진 음악 같은 것들을. 그러고는 이 모든 것이 "육체만을 위한 것이니 어리석은 짓"이라 말하며 행복의 최고 덕목으로 '무위(無爲)'를 말합니다.

왜 무위가 최고 덕목일까요? 하늘과 땅은 무위하면서도 만물을 번성하게 하기 때문입니다. "하늘은 무위한데 그로 인해 맑다. 땅은 무위한데 그로 인해 안정되어 있다. 그러므로 이들 두 가지 무위가 서로 합쳐져 만물 모두가 변화하는 것이다. 아득하고 아련하여 그 근원을 알 수가 없다. 아득하고 아련하여 그 형체를 알 수가 없다. 만물이 번성하고 있지만 모두가 무위로부터 늘어나고 있는 것이다. 그러므로 하늘과 땅은 무위이면서도 하지 않는 것이 없다고 말하는 것이다. [天地無爲也而無不爲也] 세상 사람으로 그 누가 무위할 수 있겠는가?"

이렇게 이야기를 시작하면서 등장하는 에피소드들이 놀

랍습니다. 아내의 주검 앞에서 항아리를 두드리며 노래를 부르는 장자 이야기, 몸에 불치의 혹이 생겼을 때 나눈 두 친구 이야기, 장자가 초나라를 가던 길에 밤이 되어 해골을 끌어안고 자다가 꿈속에서 해골과 나눈 이야기, 인간에게 잡혀 종묘에 갇힌 채 사흘 만에 죽은 바닷새 이야기, 열자가 해골과 나눈 이야기들이 나옵니다. 지극한 즐거움을 다루는 글에 등장하는 소재가 대부분 죽음과 질병입니다. 인생을 생로병사(生老病死)라 한다면 늙고, 병들고, 죽는 것은 참으로 누구도 원하지 않는 일입니다. 그렇지만 누구도 벗어날 수 없는 일이지요. 만약에 이 불행한 일을 자연의 변화처럼 담담하게 받아들일 수 있다면, 더 나아가 우주의 이치를 깨달은 장자처럼 노래 부를 수 있다면, 그보다 더 불행하다고 생각하는 사태는 아무렇지도 않게 여길 수 있지 않을까요?

즐거울 때 즐거워하는 것은 누구나 할 수 있지만, 괴로운 상황을 맞았는데 마음의 동요가 없다면 이야말로 진정한 즐거움을 누리는 사람이 아닐까요? 이러한 경지가 '마음의 평정'을 말한 에피쿠로스학파나 무욕을 말한 스토아학파가 도달하고픈 경지가 아니었을까요? 장자가 진정한 즐거움의 덕목으로 '무위'를 이야기한 것과 묘한 공명 현상이 일어납니다.

하늘은 맑고, 땅은 평온합니다. 사시사철이 갈마들며 생
명을 돌보고 키웁니다. 온갖 변화에 놀라지 않고 만물을
번성시킵니다. 아무것도 소유하지 않으나 모든 것을 누리
고, 어떤 명예도 없지만 가장 명예롭습니다. 즐겁다 말하
지 않으나 모든 것을 즐깁니다. 아무것도 하지 않은 것 같
지만 모든 것을 합니다. 그것이 무위입니다. 그 무위를 본
받으면 평생이 평안합니다. 그 무위를 외면하면 사사건건
동요합니다. 일희일비(一喜一悲)하지 않는 삶, 모든 것을 그
대로 바라보며 평정할 수 있는 태도, 무위에서 나옵니다.
무위야말로 우주의 춤이고 노래입니다.

잊음이 생의 최고 경지

– 19편 〈달생達生〉

신이 발에 알맞으면 신발을 신었는지 잊게 되고.

[忘足 屨適也]

허리띠가 허리에 알맞으면 허리띠를 둘렀는지 잊게 된다.

[忘要 帶之適也]

마음이 사태에 적절하면 시비 따위는 잊게 된다.

[忘是非 心之適也]

(…)

알맞음에서 시작하여 알맞지 않은 일이 없게 되면,

[始乎適而未嘗不適者]

알맞음이 알맞은 것조차도 잊게 된다. [忘適之適也]

몸이 아픈 이유는 욕망을 좇아 살다가 무리(無理)를 해서입니다. 마음이 고달픈 것 역시 마찬가지입니다. 우리는 지치도록 살고 있습니다. 철학자 한병철은 우리가 살고 있는 이 사회를 피로사회로 진단한 바 있습니다. 규율사회가 남이 나를 착취하는 사회라면, 피로사회는 내가 나를 착취하는 사회입니다. 경쟁 사회에 자발적으로 뛰어들어, 쉼 없이 달려가야 하는, 그 끝이 보이지 않는, 불안하고 뿌리 뽑힌 우리네 인생이 참으로 안타깝습니다.

《장자》 19편 〈달생〉은 이러한 우리의 삶을 비판적으로 통찰하면서 몸과 정신을 해치지 않는 법에 대하여 수많은 에피소드를 제시합니다. 제목에서 알 수 있듯이 '달생(達生)'은 통달한 삶, 또는 삶에 통달한다는 뜻으로 풀이할 수 있습니다. 장자가 제시하는 삶은 대자연의 모습과 어울리는 삶입니다. 어울린다는 말은 잘 들어맞아 어색하지 않다는 것입니다. 무리가 없다는 말입니다. 무리가 없으니 손상되지 않습니다. 손상되지 않으니 오래갑니다.

노자에게 《도덕경》을 얻었다는 관윤과 그의 제자 열자의 대화가 재미있습니다. 열자가 지극한 사람의 경지를 묻자, 관윤이 대답합니다. 술에 취한 사람이 수레에서 떨어져도 덜 다치는 이유는 술에 취한 바람에 죽음과 삶, 놀람과 두려움이 그에게 스며들지 않았기 때문이라면서, 술에 취해서 이 정도인데, 하늘에 취한 성인은 어떻겠냐고 묻습니다. "성인은 자연에 몸을 담고 있으므로 아무것도 그를 상하게 할 수 없을 것이다. 날카로운 칼이나 바람에 날려 온 기왓장이 그의 신체를 다치게 해도 칼이나 기왓장을 원망하지 않듯이, 그는 무심한 경지로 천하 태평할 것이다." 마치 나무가 바람에 가지가 꺾여도 바람을 원망하면서 마음이 상하지 않듯이, 자연에 어울리는 사람은 자신에게 불행이 닥쳐 신체에 손상이 오더라도 결코 그 상태를 원망하거나, 그로 인해 마음에 상처가 생기지 않습니다.

오호라, 삶에 통달한다는 것은 어려움이나 비극적 사태를 요리조리 피하는 처세술이 아니라 어떠한 사태에 맞닥뜨리더라도 마음에 상처를 입지 않는 것입니다. 그리고 그 자리에서 다시 자연의 흐름에 따라 아무렇지도 않게 삶을 이어 가는 것입니다. 이를 잘 알아차리고 사는 것이 통달한 삶입니다.

여기서 자연의 원리는 앎의 단계와 잊음의 단계로 구분
할 수 있습니다. 마치 물의 원리를 알면 헤엄을 잘 치고,
잠수도 잘하며, 배를 저을 수 있는 것처럼, 우리는 자연에
대해 알아야 합니다. 하지만 앎이 지극해지면, 삶을 지극
히 살게 되면 우리는 앎의 단계를 넘어 잊음의 단계에 이
르게 됩니다. 잊음의 단계는 너무도 자연스러워 의식하지
않는 단계입니다.

〈달생〉에서는 공자와 매미 잡는 꼽추의 이야기에서, 활터
에 서 있는 공자와 안연의 대화에서, 싸움닭 조련사 기성
자와 주나라 선왕의 대화에서, 공자와 여량폭포에서 수영
하는 사람의 대화에서 다양하게 이 '잊음의 경지'에 대하
여 이야기합니다. 꼽추는 매미를 잊게 되자 매미잡이의
명인이 되고, 명궁수는 보상을 잊게 되자 과녁에 적중하
며, 싸움닭은 상대방 닭을 잊게 되자 최고의 싸움닭이 됩
니다. 수영하는 사람은 자신이 물에 있다는 사실조차 잊
게 되자 자유롭게 수영할 수 있습니다. 마치 명연주자가
악기를 잊고 곡을 잊고 완전히 음악과 하나가 되어 악기
를 연주하듯이, 김연아가 스케이트 날을 잊고, 빙판을 잊
은 듯 공연을 하듯이, 무당이 작두를 잊듯이 그렇게 잊음

은 앎과 함의 최고의 경지입니다.

맨 처음에 인용한 구절은 요임금 때 장인 공수의 솜씨를
예찬하는 글입니다. 그는 그림쇠나 굽은 자가 없어도 손
으로 정확히 도안하고, 물건을 만들 때는 손가락과 물건
이 동화되어 물건을 만드는 것조차 잊었으며, 그가 만든
물건들은 얼마나 명품인지 물건을 쓸 때 그 물건을 쓰고
있는지조차 잊었다고 합니다.

그러니까 삶을 통달하는 최고의 경지는 바로 잊음의 경
지입니다. 망각(忘覺)과 같은 병적인 '잊음'이 아나라 앎을
넘어선 '잊음'의 경지 말입니다. 물고기는 주변의 물이 맑
으면 자신이 물속에 있다는 사실을 잊고 살아갑니다. 우
리는 주변의 공기가 맑으면 자신이 공기를 마시고 있다는
사실을 잊고 살아갑니다. 그러다가 물이 오염되면 물고기
는 물 밖으로 떠오르고, 공기가 오염되면 우리는 마스크
를 쓰고 헉헉거립니다. 잊고 살아가는 것이 얼마나 놀라
운 축복이며 최고의 경지인지 그제야 깨닫습니다.

좋은 신발은 안 신은 듯합니다. 좋은 옷은 거추장스럽지

않습니다. 좋은 친구는 없는 듯합니다. 좋은 말은 들리지 않는 듯합니다. 좋은 앎은 모르는 듯합니다. 좋은 행동은 보이지 않는 듯합니다. 정말로 좋은 것은 우리에게 잊힌 채로 우리 곁에서 우리를 살리고 있습니다. 그렇게 서로 서로 잊은 채 살아가는 것이야말로 최고의 관계 방식입니다.

공자의 변신

– 20편 〈산목山木〉

군자의 사귐은 물같이 담백하지만 [君子之交淡若水]

소인의 사귐은 단술처럼 달콤하다. [小人之交甘若醴]

군자의 사귐은 담백하기 때문에 친해지고, [君子淡以親]

소인의 사귐은 달콤하기 때문에 끊어지게 되는 것이다. [小人甘以絶]

까닭 없이 맺어진 것이니 까닭 없이 떨어져 나가는 법이다.

[彼無故以合者 則無故以離]

공자가 말했다. "가르침을 잘 받들겠습니다." [孔子曰敬聞命矣]

그리고 공자는 천천히 걸으면서 돌아와 [徐行翔佯而歸]

학문을 끊고 책을 버렸다. [絶學捐書]

도가사상을 계승했다는 《장자》에는 도가의 창시자 노자 이야기보다 유가의 창시자 공자 이야기가 더 많습니다. 제가 따로 편집하여 《논어에는 없고 장자에만 있는 공자 이야기》라는 책자를 만들어 보관하고 있는데, 여러 장자 편 중에서도 특히 20편 〈산목〉에서 다양한 공자의 모습을 발견하게 됩니다. 아울러 《논어》에 등장하는 공자는 뭔가 고정되어 있고 권위주의적인 모습을 하고 있다면, 〈산목〉 편에 등장하는 공자는 자신을 고집하지 않으면서 주변의 충고를 잘 받아들여 자신의 삶을 바꾸는 아주 유연하고 도가다운 면모를 많이 지니고 있습니다. 그래서 〈산목〉 편을 정리하면서 이렇게 소제목을 붙였습니다. '공자의 변신, 장자의 낭패, 열자의 깨달음'! 그중에서 공자의 변신 이야기를 중심으로 살펴보겠습니다.

〈산목〉 편에는 공자가 총 세 번 등장합니다. 첫 번째 변신 이야기는 공자가 진나라와 채나라 중간에서 사람들에게 포위를 당해 위태로운 상태에 있을 때 대부 임(任)이 방문하여 나눈 이야기입니다. 공자는 마침 7일 동안이나 더운 음식을 먹지 못해 아사(餓死) 직전에 있었습니다. 그때 대부 임은 공자에게 동해에 살고 있다는 의태(意怠)라는 새에 대해 이야기합니다. "이 새는 느리고 무능력해 보여서, 다른 새들이 이끌어 주어야 날고, 쉴 때도 다른 새 곁에 붙어 있습니다. 나아갈 때도 앞서지 않고, 물러날 때도 뒤서지 않습니다. 먹이를 먹을 때도 먼저 먹지 않고 나중에 먹습니다. 그래서 이 새는 다른 새의 무리한테 배척을 당하거나 사람들에게 해를 당하지 않습니다." 새 이야기를 꺼낸 것은 공자를 비판하기 위해서였지요. "곧은 나무는 먼저 잘리고, 맛있는 우물은 먼저 마르는 법입니다. 당신을 보니 이와 같습니다. 지식을 꾸며 어리석은 사람을 놀라게 하고, 몸을 닦아 남의 허물을 들추어내고, 환하게 자신을 내세워 환난을 면치 못하는 것입니다."

이 정도 이야기를 들으면 화를 낼 만도 한데, 공자는 오히려 "좋습니다"라고 말합니다. 그러고는 사람들과 교류를 끊고, 제자를 돌려보내고, 연못가에서 가죽옷을 입고 도토리와 밤을 주워 먹으려 살게 됩니다. 드디어 짐승들 사이를 걸어도 무리가 흩어지지 않고, 새들 틈에 들어가도 행렬이 흩어지지 않게 됩니다. 새나 짐승이 그를 싫어하지 않게 되니, 하물며 사람이야 어땠겠습니까?

두 번째 변신 이야기는 공자와 노나라 은자 자상호의 대화에서 나옵니다. 공자가 자상호에게 신세 한탄을 합니다. "저는 노나라에서 두 번 쫓겨났고, 송나라에서는 뽑힌 나무에 죽을 뻔했고, 위나라에서는 쫓겨났으며, 상나라와 주나라에서는 궁지에 몰렸고, 진나라와 채나라 사이에서는 포위를 당했습니다. 내가 이렇게 어려움을 당하게 되자, 친한 사람과는 교분이 점차 멀어지고 제자들도 차츰 흩어지고 말았는데, 어쩌면 좋겠습니까?" 자상호가 자상하게 공자를 위로합니다. "임회라는 사람이 기나라에서 도망을 칠 때 천금의 가치가 있는 옥을 버린 채 아기만 업고 도망쳤습니다. 옥은 가볍고 아기는 무거우며, 옥은 비싸고 아기는 싼 데도 아기만 챙긴 것은, 옥은 이익으로 결합된 것이지만 아기는 하늘이 맺어 준 것이기 때문입니다. 이익으로 맺어진 사람들은 어려움과 곤란함에 처하면 서로를 버리게 되지만, 하늘이 맺어 준 사람은 어려움과 곤란함을 당하면 서로 합쳐집니다." 그러고는 사귐에 대하여 이렇게 말하지요. "군자의 사귐은 물과 같고, 소인의 사귐은 술과 같습니다. 군자의 사귐은 담백하기에 친해지고, 소인의 사귐은 달콤하기에 끊어지게 되는 것입니다. 까닭 없이 맺어진 것은 까닭 없이 떨어져 나가는 법입니다." 공자는 이 말을 듣고 놀랍게도 변신합니다. 이전의 학문을 끊고 책들을 버립니다. 제자들이 격식을 차려 인사하지 않아도 그들과의 관계가 돈독해집니다.

마지막 변신 이야기는 공자가 진나라와 채나라 사이에서 곤궁에 빠져 있던 첫 번째 이야기와 배경이 같습니다. 그런데 이번에 등장하는 인물은 공자가 사랑하는 제자 안회입니다. 공자는 7일을 굶주렸으나, 마른 나뭇가지를 두드리며 신농씨의 노래를 부릅니다. 장단도 맞지 않고 운율도 없는 넋두리 같은 노래입니다. 안회는 이를 슬피 쳐다봅니다. 그때 공자는 안회를 위로하며 이렇게 말합니다. "사람들은 자연의 변화는 쉬 받아들이면서 삶의 변화는 잘 받아들이지 못하더구나. 하지만 사람이란 자연과 마찬가지. 굶주림과 목마름, 추위와 더위, 부귀와 빈천, 벼슬과 실직은 서로 갈마드는 법이다. 벼슬이나 녹은 삶을 궁핍하게 만들지는 않으나 밖에서 주어진 것일 뿐 스스로 가지고 있던 것은 아니다. 군자는 도둑질하지 않는 법인데 우리가 벼슬을 탐해서야 되겠느냐?" 안회는 공자의 말을 되씹으며 질문을 거듭하고, 공자는 이에 친절하게 하나하나 답한 후 이렇게 말합니다. "사람이 있는 것도 하늘이 있어서고, 하늘이 존재하는 것 또한 자연이 있어서다. 사람이 자연의 도를 터득하지 못하는 이유는 자기 성격에 사로잡히기 때문이다. 성인이란 편안하게 자연의 변화에 몸을 맡긴 채 끝까지 가는 사람이다."

세 이야기는 끝났습니다. 이제 공자는 논어에 나오는 입신양명(立身揚名)의 공자가 아니라 장자에 나오는 무위자연(無爲自然)의 공자입니다. 나는 논어에 나오는 공자의 불굴의 정신에 놀라지만, 장자에 나오는 공자의 유연한 변신에 박수를 보냅니다. 어느 편에 나오는 공자가 진짜에 가까울까 논쟁하는 것은 제 관심사가 아닙니다. 오히려 나는 논어와 장자의 그 어느 중간쯤에 공자의 점이지대를 형성해 놓고, 시간이 흐름에 따라 점점 자연을 닮아 가는 공자를 상상하며 즐거워합니다. 그래서 공자의 변신은 무죄입니다.

지극히 아름답고 즐거운 경지

– 21편 〈전자방田子方〉

그 정신은 큰 산을 지나도 방해받지 않고 [其神經乎大山而無介]

깊은 못에 들어가도 젖지 않으며 [入乎淵泉而不濡]

낮고 천한 지위에 놓여도 고달프지 않다. [處卑細而不憊]

언제나 하늘과 땅에 충만하여 [充滿天地]

남에게 모든 것을 주기만 하는데도 [旣以與人]

자기는 더욱 많아지는 것이다. [己愈有]

우리는 우주의 자식입니다. 1억 8천만 년 전 우주가 최초
로 생겨나면서 만들어진 물질들이 별을 만들고, 별의 생

로병사로 인해 생겨난 물질로 생명이 만들어졌고, 생명을 만들었던 물질들로 인간이 만들어졌습니다. 우리를 구성하는 물질과 우주를 구성하는 물질은 일치합니다. 우리는 우주에서 나와서 우주로 돌아갑니다. 노자는 "만물이 태어나던 처음의 경지에서 노닐 수 있"는 지극한 경지에 도달한 사람을 지인(至人)이라 말했습니다.

장자 21편 〈전자방〉에는 이러한 경지에 도달한 지인들을 소개하고 있습니다. 전자방의 스승인 순자(順子), 공자가 노나라에서 만난 온백설자, 공자에게 가르침을 준 노자, 진나라 목공 때의 현인 백리해, 주나라 문왕 때 낚시하던 노인, 열자에게 활쏘기를 가르친 백혼무인이 소개됩니다. 게다가 공자는 노자에게 이러한 경지를 배우고 익혀 드디어 지인의 경지에 도달합니다. 장자는 이러한 경지에 도달한 사람을 신인(神人), 성인(聖人), 진인(眞人)이라 부르기도 합니다.

지인(至人)은 어떠한 특징을 가지고 있을까요? "사람됨이 참되어, 사람의 모습을 하고 있지만 하늘처럼 텅 비어 있으며, 자연을 따름으로 참됨을 기르고 맑은 마음으로 만물을 포용합니다. 남들은 도리에 어긋난 짓을 해도 그는 바른 모습으로 응대함으로 남들에게 깨달음을 줍니다. 그래서 잘못이 사라지게 됩니다." 또한 "만물의 시작과 끝은 서로 끝없이 반복되어 그 끝을 알 수가 없으니 이로 인해 시비에 걸리지 않습니다. …그 경지로 들어가면 지극히 아름답고 즐겁습니다. 지인은 지극한 아름다움을 얻고 지극한 즐거움에 노니는 사람입니다."

오호라! 지인의 아름다움은 세속적, 육체적 아름다움과 다름을 알 수 있습니다. 젊음은 아름답고 늙음은 추한 것이 아니라, 젊거나 늙거나 그 변화에 시비 걸지 않고 즐길 수 있다면 그것이야말로 아름다운 것입니다. 즐거움 또한 마찬가지입니다. 얻음이 즐겁고 잃음이 슬픈 것이 아니라, 얻어도 잃어도 마음의 동요 없이 즐길 수 있다면 그것이 바로 진정한 즐거운 것입니다.

공자의 제자 안회가 질문합니다. "선생님의 말씀 따라 말하고, 선생님의 이론에 따라 설명하고, 선생님의 마음을 따라 살아가려 노력하지만, 항상 선생님은 저보다 앞서 높은 경지에 도달하시니 저로서는 어찌해야 할지 모르겠습니다. 선생님은 말씀하지 않으셔도 남들이 선생님을 믿고, 굳이 친한 척하지 않아도 주변과 친하고, 권력이 없음에도 주변에서 따르니 그 까닭이 무엇입니까?"

지인의 경지에 도달한 공자가 답합니다. "주변을 잘 살펴보아라. 사람의 죽음이 슬픈 일이지만, 그보다 더한 것이 마음의 죽음이다. 사람의 죽음이야 만물의 변화에 불과하다. 해가 동쪽에서 나와 서쪽으로 들어가는 것처럼, 해가 뜨면 세상일이 시작되고, 해가 지면 세상일을 그치는 것처럼, 만물 역시 죽기도 하고 살기도 한다. 우리가 육신을 가지고 태어났다면 이 운명에서 벗어날 길이 없는 것이다. 너는 겉으로 드러난 내 모습을 따르려 하지만 그것은 모든 지나간 것이다. 그것이 지금도 있는 것이라 생각한다면, 텅 빈 시장에서 말을 사려는 것처럼 어리석은 일이 아니겠느냐. 너나 나나 우리는 모두 순간을 살아가는 존재들이다. 모두가 잊힐 것이다. 그렇지만 잊힐 수 없는 참된 내가 있지 않겠느냐."

잊히기에 잊히지 않는 것, 그것이 무기(無己)의 경지입니다. 지인은 무기(無己)의 사람입니다. 장자는 말합니다. 공을 세워도 내세우지 않는 무공(無功)의 경지에 도달하라. 이름이 없기에 더욱 큰 이름을 갖는 무명(無名)의 경지에 도달하라. 마치 불경에서 부처가 무아(無我)의 경지를 통해 해탈에 이르렀듯이, 노자가 무위(無爲)의 경지를 통해 저절로 모든 것이 이루어지는 경지를 역설했듯이, 장자는 자기를 앞세워 드러내면 사라지고 말겠지만, 자기를 지워 감춤으로 잊히지 않게 되는 경지를 이야기합니다.

그런 경지에 도달한 사람은 "지식인이라도 설득할 수 없고, 미인이라도 유혹할 수 없으며, 도적이라도 빼앗을 수 없습니다. …죽고 사는 것이 큰 문제이긴 하지만 그의 마음을 변하게 할 수 없으니, 하물며 벼슬과 녹이 문제가 되겠습니까? 큰 산을 지나도 흔들리지 않고, 깊은 못에 들어가도 젖지 않으며, 낮고 천한 지위에 놓여도 고달프지 않습니다. 언제나 하늘과 땅에 충만하여 남에게 모든 것을 주기만 하는데도 더욱 많아지게 되는 것입니다."

도道란 무엇인가?

- 22편 〈지북유知北遊〉

누가 도에 대해 물었을 때 대답을 하는 사람은 [有問道而應之者]

도를 알지 못하는 것이다. [不知道也]

도에 대해 질문한 사람도 [雖問道者]

역시 참된 도에 대해 듣고 있는 것이 아니다. [亦未聞道]

도란 물어서도 안 되는 것이며, [道無問]

물어도 대답할 수도 없는 것이다. [問無應]

물어서는 안 되는 것을 묻는 것은 [無問問之]

헛된 질문이다. [是問窮也]

대답할 수 없는 것을 대답하는 것은 [無應應之]

진실한 마음이 없는 것이다. [是無內也]

대학 시절 지하철역 근처에는 삼삼오오 돌아다니며 "도를 아십니까?"를 묻는 사람들이 있었습니다. 지적 호기심에 충만한 나는 그 질문에 매료되어 "당신은 도를 아십니까?" 되물었지요. 그들은 확신에 차서 도에 대해 설명하기 시작했습니다. 그러나 그들의 이야기를 들으면 들을수록 황당무계(荒唐無稽)하고 어이가 없어 실망하게 되었습니다. 신흥종교를 전파하는 그들뿐만 아니라 모든 종교는 이 근본 물음에 대한 나름의 대답을 가지고 있습니다. 그리고 그 종교적 대답에 매료된 사람들이 종교인이 되기도 하지요. 나 또한 그 신흥종교의 대답에는 적잖이 실망하였지만, 그들이 던진 질문은 진지하게 지금까지 간직하고 있습니다. 도대체 도란 무엇일까요?

장자 22편 〈지북유〉는 이 물음을 묻고 답합니다. 이 편은 물음과 대답의 향연입니다. 지(知, 앎)는 무위위(無爲謂, 하지도 말하지도 않음)에게 도를 묻습니다. 답이 없자 광굴(狂屈, 미치광이)에게 도를 묻습니다. 광굴은 대답하려다가 그만둡니다. 마침내 전설적인 임금 황제(黃帝)에게 도를 묻고 그제서야 답을 듣습니다. 하지만 황제는 이렇게 덧붙입니다. "무위위야말로 진실로 도를 알고 있는 자이며, 광굴은 도에 가까운 사람이고, 그대와 나는 도에 가까이 가지 못한 사람입니다." 입을 다물거나 대답을 망설이는 자는 도에 가깝지만, 도를 안다는 자는 역설적으로 도를 모르는 자가 됩니다. 허 참.

물음의 향연은 계속됩니다. 설결은 피의에게 도를 묻고, 피의가 답하는데 잠이 들어 버립니다. 그러자 피의는 화를 내기는커녕 크게 기뻐합니다. 순임금은 스승인 승(丞)에게 도를 묻습니다. 공자는 노자에게 도를 묻습니다. 동곽자는 장자에게 도를 묻습니다. 태청(泰淸)은 무궁(無窮), 무위(無爲), 무시(無始)에게 도를 묻습니다. 광요(光耀)는 무유(無有)에게, 염구와 안회는 공자에게 도를 묻습니다. 그들은 하나같이 같은 대답을 듣습니다. "알 수가 없다. 알려고 하지 마라. 지닐 수 있는 것이 아니다. 아득하여 표현하기 어려운 것이다. 널리 안다고 하더라도 반드시 옳은 지식은 아니다. 모든 것이 그 원리로 살아가고 도를 떠나서는 살 수 없지만, 감히 '이것이 도'라고 말해서는 안 된다. 지극한 도에 이르려는 사람은 논하지 말아야 한다. 도를 논하는 사람은 오히려 도에 깜깜이[冥冥]에 불과하다. 도란 들을 수 없는 것이니 들은 것은 도가 아니다. 도란 볼 수 없는 것이니 본 것은 도가 아니다. 도는 말할 수 없는 것이니 말한 것은 도가 아니다. 그러니 '이것이 도'라고 이름을 붙여서는 안 된다." 한마디로 말해, "모른다!"입니다.

마지막 부분에 공자의 입을 빌려 이렇게 말합니다. "지극한 이론이란 이론을 초월한 것이고 [至言去言], 지극한 행위란 행위를 초월한 것이다. [至爲去爲] 지혜로써 알 수 있는 모든 것을 알려 하는 것은 천박한 일이다. [齊知之所知則淺矣]"

장자 22편은 마치 노자 《도덕경》 1장의 해설처럼 읽힙니다. "길을 길이라 말하면 영원한 길이 아니다. 사물에 이름을 붙이면 영원한 이름이 아니다. 없음은 천지의 시작이고, 있음은 만물의 탄생이다. 없음으로 우리는 신비를 포착하고, 있음으로 현상을 포착한다."라고 노자는 말합니다. 이 없음[無]의 경지에 도달해야 영원한 길에 들어서는 걸까요? 장자는 노자의 시를 이야기로 펼쳐 냅니다. 노자의 '무(無)'는 장자에 이르러 무위(無爲), 무언(無言), 무용(無用), 무문(無問)으로 확장됩니다.

장자 내편의 마지막 편인 〈응제왕〉의 마지막 에피소드는 혼돈(混沌)의 죽음입니다. 혼돈은 모름의 상태에서도 사방에서 오는 손님을 환대하는 능력을 보여 줍니다. 하지만 그 손님들에 의해 인식의 구멍이 뚫리자(점점 더 알게 되자) 결국은 죽음에 이르는 비극적 사태를 맞이하지요. 장자 외편의 마지막 편이 바로 〈지북유〉입니다. 앎[知]이 도를 묻자, "모른다"로 답함으로써 생명을 되살리려는 장자학파의 분투가 보이시나요? 문명이 앎의 추구라면, 아마도 자연은 모름의 회복이지 싶습니다. 도를 찾아가는 길은 확신과 오만의 길이 아니라, 무지의 깨달음과 겸손의 길입니다.

3 부

잡편雜篇

장자의 변형

어린이가 돼라

– 23편 〈경상초庚桑楚〉

삶을 보양하는 방법이란 [衛生之經]

위대한 도 하나를 지니는 것이며, [能抱一乎]

자기 본성을 잃지 않는 것이다. [能勿失乎]

점치는 것에 의해 자기의 길흉을 판단하려 들지 않아야 하고,

[能無卜筮而知吉凶乎]

자기 분수를 지킬 줄 알아야 하고, [能止乎]

인위적인 행위를 그만둘 수 있어야 한다. [能已乎]

남에 대한 관심을 버리고 자기를 충실히 지닐 수 있어야 한다.

[能舍諸人而求諸己乎]

행동은 자연스러워야 하고, [能隨然乎]

마음은 거리낌이 없어야 하고, [能侗然乎]

어린이가 되어야 한다. [能兒子乎]

계묘년(癸卯年) 새해입니다. 사람들은 새해가 되면 누구나 아직 이루지 못한 소망 하나쯤은 품고 살아가게 됩니다. 어떤 사람들은 재미로, 혹은 습관처럼 점을 치기도 합니다. 저도 재미 삼아 하루 운세를 타로점으로 봤습니다. 태양 카드가 나왔는데요. 태양 아래 벌거벗은 두 아이가 사이좋게 놀고 있는 모습입니다. 하는 일마다 행복하고 즐거운 결과를 얻을 수 있는 매우 긍정적인 날이라고 점괘가 나왔습니다. 하지만 마지막 문장에는 "그러나 너무 즐거운 나머지 경거망동하지 말아야겠습니다"라는 경고문으로 기운을 살짝 눌러 주네요.

물론 이런 점괘는 재미나 기분 전환으로 할 일이지 크게 믿을 바는 못 됩니다. 그 사람의 현재나 미래는 과거 삶의 그림자와 같습니다. 평소의 삶을 확 바꿀 수 있는 신박한 운명 따위가 있다고 하더라도 믿어서는 안 됩니다.

고등 종교나 철학은 하나 같이 요행수를 바라며 점치

는 것을 경고하고 있습니다. 경상초의 제자 남영주는 마을 사람들이 자신의 스승을 떠받들어 지도자로 삼고 싶어 하는 것에 기뻐합니다. 하지만 노자의 제자인 경상초는 오히려 마을 사람들이 자신을 떠받드는 것을 좋아하지 않습니다. 자신은 의도하지 않았더라도 결과적으로는 스스로를 내세우는 사람처럼 보였기 때문이라며 반성합니다. 제자 남영주는 이해가 되지 않았습니다. 스승이 정치를 잘하여 요순시대처럼 만들면 되지 않느냐며 반문합니다. 스승 경상초는 요순시대를 비판하며 이렇게 말합니다. "큰 혼란의 근본은 틀림없이 요순시대에 생겨난 것이다. 그런 것은 결국 천세 뒤까지 존속하게 될 것이다. 그러면 천세 뒤에는 반드시 사람과 사람이 서로 잡아먹는 일이 벌어지게 될 것이다." 제자 남영주는 스승에게 더 가르쳐 달라고 말하지만, 스승 경상초는 자신은 재능이 작아더 이상 가르칠 수 없으니 남쪽으로 가서 노자를 만나 보기를 권합니다.

하여 남영주는 양식을 챙겨 짊어지고 7일 밤낮이 걸려 노자를 찾아갑니다. 그리고 앎과 알지 못함, 어짊과 어질지 못함, 정의로움과 정의롭지 못함에 대하여 묻습니다. 노자는 그에게 많이도 같이 데리고 왔다며 여럿 대신 "하나를 품고, 그것을 잃지 말라"고 답해 줍니다. 그것이 바로 삶을 지키는 방법[衛生之經]이라면서요.

자, 그럼 재미로 점을 치는 대신, 장자 전체를 관통하는 위대한 도 하나를 지니는 능력을 알려 드리겠습니다. "삶을 보양하는 방법이란, 위대한 도 하나를 지니는 것이며, 자기 본성을 잃지 않는 것이다. 점치는 것에 의해 자기의 길흉을 판단하려 들지 않아야 하고, 자기 분수를 지킬 줄 알아야 하고, 인위적인 행위를 그만둘 수 있어야 한다. 남에 대한 관심을 버리고 자기를 충실히 지닐 수 있어야 한다. 행동은 자연스러워야 하고, 마음은 거리낌이 없어야 하고, 어린이가 되어야 한다."

처음 인용구의 한문을 보면 능력 능(能) 자가 문장의 첫 번째 자리에 있습니다. 그것도 아홉 번이나 반복되어 있습니다. 보통 '능히'라는 부사로 해석할 수 있고, "~할 수 있다"는 서술어로 쓰이기도 하는데요. 여기서는 서술어로 풀어서 번역했습니다. 위생(衛生), 즉 삶을 지키려면 아홉 가지 능력이 있어야 합니다. 그중에 가장 중요한 능력은 '어린이가 되는 능력(becoming child)'입니다.

도대체 어린이가 무엇이길래, 노자는 '어린이 되기'를 삶을 수호하는 최고의 능력으로 꼽은 것일까요? "어린이는 하루 종일 울어도 목이 쉬지 않는데, 그것은 지극히 자연과 조화되어 있기 때문이다. 또 하루 종일 주먹을 쥐고 있어도 손이 저리지 않는데 그것은 자연의 덕과 일치되어 있기 때문이다. 하루 종일 보면서도 눈을 깜빡이지 않는데 밖의 물건에 대하여 치우쳐 있지 않기 때문이다. 길을 가도 가는 곳을 알지 못하고, 앉아 있어도 할 일을 알지 못한다. 밖의 물건에 순응하고 자연의 물결에 자신을 맡긴다. 이것이 삶을 지키는 방법이다." 조금 뒤에 이어지는 문장을 보면 이렇게 말합니다. "어린이란 움직이지만 자기가 하는 일을 알지 못하고, 걷지만 자기가 가는 곳을 알지 못한다. 몸은 마른 나뭇가지와 같고, 마음은 식은 재와 같다. 이런 사람에게는 화(禍)도 닥칠 수 없고, 복(福)도 찾아올 수 없다. 화복이 있지 않은데, 어찌 사람의 재해가 있을 수 있겠는가?"

어린이야말로 무위자연(無爲自然), 도(道)와 덕(德)의 경지를 의식하지 않고 실천하는 최상의 모델로 등극합니다. 이렇게 노자의 어린이론은 장자로 이어집니다. 현대 서양 철학에서 니체와 들뢰즈, 가타리가 어린이론을 이야기하기 2천 년도 전에 말입니다. 그러니 새해에는 점을 치는 대신에 어린이가 되어 보는 것이 어떨지요. 새해에는 당신과 내가 어린이처럼 "아무 걱정 없이, 슬픈 헤아림도 없이, 그렇게 만날 수" 있기를 기원합니다.

갇혀 있는 사람들

– 24편 〈서무귀徐無鬼〉

"천하를 다스리는 것이 [夫爲天下者]

어찌 말을 치는 것과 다르겠습니까. [亦奚以異乎牧馬者哉]

그저 말을 해치는 것을 없애 주면 될 뿐입니다.

[亦去其害馬者而已矣]"

황제는 머리를 숙여 큰절을 두 번 하고, [黃帝再拜稽首]

그 소년을 천사(天師)라고 부른 뒤 물러났다. [稱天師而退]

감옥에 있는 사람만 갇혀 있는 것은 아닙니다. 권력이나
재물, 지식, 이름 등에 갇혀 지내는 사람들이 많습니다.

해외여행 한번 해 보고 싶다고 늘 말하는 사람도 일에 갇혀 국내 여행조차 번번이 실패합니다. 의무에 갇히고, 관계에 갇히고, 돈에 갇힙니다. 《장자》 잡편의 두 번째 편인 〈서무귀〉는 바로 이런 갇힘에서 벗어나 큰길을 걷는 큰사람이 되라고 충고하고 있습니다.

처음의 에피소드는 편명(篇名)이기도 한 은자(隱者) 서무귀가 위나라의 무후를 만나 나눈 대화입니다. 겉모습으로는 초라한 서무귀가 갇혀 있는 사람처럼 보이지만, 권력과 명분에 취해 백성을 괴롭히고 전쟁을 밥 먹듯이 하는 위무후야말로 갇힌 자입니다. 최고로 실력 있는 신하들의 호위를 받는 황제도 구자산을 찾지 못해 길에 갇힙니다. 천하를 다스리는 황제가 천하에 갇힌 꼴입니다. 혜자와 같은 사상가는 논쟁에 갇힙니다. 포숙아는 선함에 갇혀 운신의 폭이 좁아지고, 원숭이는 재주에 갇혀 죽게 됩니다. 남백자기의 아들 곤은 기대하지 않았던 복에 갇혀 다리가 잘려 나갑니다.

지식인은 지식에 갇히고, 평론가는 관점에 갇히고, 관료는 지위에 갇힙니다. 군인은 전쟁에 갇히고, 법률가는 법전에 갇히며, 농부는 땅에 갇힙니다. 유발 하라리의 말마따나 농사를 짓고 가축을 키우느라 스스로 가축이 되어 땅에 갇히게 됩니다. 은행에서 돈 빌린 사람은 은행에 갇히고, 집 장사꾼은 집에 갇힙니다. 영혼을 끌어모아 대출받아 구입한 집이 도리어 영혼을 망치게 됩니다. 직장인은 성과에 갇혀 피로하게 살아가거나 과로사합니다. 오호라, 우리는 곤고한 사람입니다. 이 갇힘에서 어떻게 벗어날 수 있을까요?

위무후에게 서무귀는 충고합니다. "백성을 사랑한다 말하지 마십시오. 그 사랑이 백성을 해치는 시초가 됩니다. 정의를 위해 전쟁을 그만둔다고 말하지 마십시오. 말로는 그렇게 하시지만 결국 전쟁을 일으키는 시초가 됩니다. … 다른 나라의 백성을 죽이고 남의 나라 땅을 빼앗아 차지함으로써 자기의 육체와 정신을 만족시키려 하는 자는 그 전쟁이 아무리 훌륭한 명분을 갖고 있더라도 과연 어느 쪽이 좋은 건지 알 수 없으며, 설사 전쟁에 이긴다 하더라도 승리의 목적이 어디에 있는지 알 수 없게 됩니다. 임금께서는 그런 짓은 하지 말아야 합니다.
부디 마음속의 정성을 닦음으로써 자연의 변화에 순응하며 세상을 어지럽히지 마십시오. 그래야 백성들이 죽음에서 벗어날 수 있습니다. 그렇게만 된다면 임금께서 어찌 전쟁을 그만두시겠다는 생각조차 하실 필요가 있겠습니까?"

일곱 명의 현자들과 동행하였으나 길을 잃은 황제가 길을 가르쳐 준 어린 목동이 기특하여, 천하를 다스리는 방법도 아느냐고 묻자, 동자는 한참 만에 대답합니다. "천하를 다스리는 것이 어찌 말을 치는 것과 다르겠습니까. 그저 말을 해치는 것을 없애는 것일 뿐입니다." 정치인들은 국민을 위한다고 말하지만 결국 국민은 피해만 입었다는 것을 어린 목동도 알았을까요? 제발 해치지나 말라고, 백성을 해치는 것만 없애 달라고, 그것이 정치가 아니겠냐고 답합니다. 이 대답에 놀란 황제가 그 목동에게 두 번이나 큰절을 하고, 하늘이 내린 스승[天師]이라 부릅니다.

걸핏하면 논쟁을 해서 상대방을 화나게 만드는 혜자에게 장자는 이렇게 말합니다. "남의 집에 묵을 때는 문지기와 싸우지 말고, 배 안에 있을 때는 뱃사람과 싸우지 말게나. 배가 물가에 닿기도 전에 뱃사람이 원한을 품는다면 자네는 위험에 처하게 될 것일세."

제나라의 재상이었던 관중이 임종하려 하자, 환공이 누구에게 나랏일을 맡겨야 하는지, 관중과 가장 친한 포숙아는 어떠냐고 묻습니다. 관중은 안 된다며 이렇게 말합니다. "포숙아는 청렴결백하고 선하기만 한 선비라, 자신과 다른 선비와 친하게 지내지 못합니다. 차라리 습붕에게 맡기십시오. 그의 사람됨은 위로는 임금님을 잊고 아래로는 백성과 함께합니다. 그는 황제와 같지 못함을 부끄러워하고 있고, 자기만 못한 사람들을 불쌍히 여깁니다. 자기의 덕을 남에게 나누어 주는 것을 성인이라 말하고, 자기의 재물을 남에게 나누어 주는 것을 현인이라 말합니다. 현명한 사람으로서 남에게 군림하여 사람들의 마음을 산 사람은 없습니다. 현명한 사람으로서 남의 아래에 처신하여 사람들의 마음을 사지 못한 사람은 없습니다. 그는 나라에서는 모든 것을 들으려 하지 않고, 집안에서는 모든 것을 보려고 하지 않습니다. 부득이하다면 습붕이 좋을 것입니다." 포숙아가 인위적, 윤리적 인간이라면 습붕은 자연적, 무위적 인간입니다. 습붕은 자신이 가진 것을 남에게 나누어 주고, 남의 아래에서 처신하는 사람입니다. 게다가 남의 허물을 모두 알려 하지 않고, 자신이 모르고 있음을 아는 사람입니다.

하늘과 땅의 위대함을 따르는 자. 그가 바로 갇힘에서 벗어난 대자유인입니다. 대자유인은 "만물의 근원이 하나임[大一]을 알고, 그 위대한 고요함[大陰]을 알고, 분별없음[大目]을 알고, 조화롭고 평등함[大均]을 알고, 규칙이 있음[大方]을 알고, 진실함[大信]을 알고, 안정됨[大定]을 아는 경지에 도달합니다. 하나임을 알기에 두루 통하고, 고요함을 알기에 조용히 해결하며, 분별없음을 알기에 달관하고, 평등함을 알기에 터득하고, 규칙을 알기에 지키고, 진실함을 알기에 의심하지 않고, 안정됨을 알기에 평온함을 유지할 수 있습니다." 그러니 대자유인의 길을 의심하지 말고 걸으십시오. 위대한 불혹[大不惑]의 경지에 이르게 됩니다.

출세주의자에게

− 25편 〈칙양則陽〉

성인은 사람들을 사랑하기 때문에 [聖人之愛人也]

사람들이 그에게 성인이라고 이름을 붙여 준 것이다. [人與之名]

그러나 남이 얘기해 주지 않으면 그 자신이 사람들을 사랑하고

있다는 것을 알지 못한다. [不告則不知其愛人也]

그러나 그것을 알든, 모르든, 들었든, 듣지 못했든

[若知之 若不知之 若聞之 若不聞之]

그가 사람들을 사랑한다는 사실은 부정할 수 없는 사실이며,

[其愛人也終無已]

사람들이 그를 통하여 편하게 지내게 된다는 것도 부정할 수 없는

사실이다. [人之安之亦無已]

그것은 본성이기 때문이다. [性也]

출세하거나 부자가 되고 싶은 사람들이 많습니다. 출세나 부자가 되기 위한 비결을 알려 주는 책들도 인기가 높습니다. 부자가 되려면 부자를 만나라고 충고하기도 하고, 권력을 갖고 싶으면 권력자 옆에 줄을 서라고 합니다. 돈도 없고 배경도 없는 삶은 팍팍하기만 하다고 불평합니다. 과연 어떻게 살아야 할까요?

〈칙양〉 편에는 출세주의자 칙양이 등장합니다. 그가 초나라에 놀러 갔을 때, 지인인 이절을 통해 초나라 임금에게 연줄을 넣으려고 하지만 실패합니다. 그래서 또 다른 지인인 왕과에게 이 사실을 털어놓으며, 왜 자신을 초나라 임금에게 소개해 주지 않냐고 묻습니다. 그러자 왕과는 자신은 지혜도 이절만 못하고, 덕도 공열휴만 못한데 어찌 왕께 남을 소개할 수 있느냐고 물으며 정중히 거절합니다. 그러면서 만약에 소개자가 필요하다면 공열휴에게 부탁하라고 말합니다.

칙양은 공열휴가 어떤 사람인지 묻습니다. 왕과가 말합니다. "곤궁할 적에는 식구들로 하여금 그의 가난함을 잊게 만들고, 그가 출세했을 경우에는 임금이나 대신들로 하여금 벼슬과 녹을 잊고서 스스로 겸허하도록 만듭니다. 외물에 대하여는 외물과 동화하여 즐기고, 사람들에 대하여는 도가 서로 통하게 하고 즐김으로써 자기의 본성을 보전합니다. 그러므로 어떤 경우에는 말을 하지 않아도 사람들이 화합하는 마음을 가지게 만들고, 사람들과 나란히 서 있으면서도 사람들을 동화하게 만듭니다. 그들을 모두 아버지와 아들 같은 정으로 귀착하도록 만들어 줍니다. 가만히 들어앉아 있어도 그가 세상에 베푸는 바를 한번 살펴보면, 사람들의 마음에 대한 영향이 이와 같이 위대합니다."

한마디로 공열휴는 자신의 본성을 따라 사는 성인(聖人)인 셈이지요. 본성을 따라 사는 성인이란 어떤 사람일까요? "성인은 사람들을 사랑하기 때문에 사람들이 그에게 성인이라고 이름을 붙여 준 것입니다. 그러나 남이 얘기해 주지 않으면 그 자신이 사람들을 사랑하고 있다는 것을 알지 못합니다. 그러나 그것을 알든 모르든, 그것을 듣든 듣지 못했든 그가 사람들을 사랑한다는 사실은 끝내 부정할 수 없는 사실이며, 사람들이 그를 통하여 편하게 지

내게 된다는 것도 부정할 수 없는 사실입니다. 그것은 본
성이기 때문입니다."

사랑하는지도 모르면서 사랑하는 사람, 베푸는지도 모르
면서 베푸는 사람, 아름다운지 모르면서 아름다운 사람.
그는 부유하든 가난하든, 높은 지위에 있든 낮은 처지에
있든, 많든 적든 그것을 즐기며 사람들과 화합하며, 그들
과 함께하며 자신의 본성을 지키는 사람입니다. 그와 반
대로 출세주의자들은 많으면 교만해지고 없으면 불평불
만을 토로하며, 권력을 누리면 억누르고 없으면 비굴해집
니다. 부유하든 가난하든 출세를 하든 못 하든 그는 하
늘이 준 본성을 보전하지 못합니다. 그렇다면 하늘이 준
본성을 잘 지키며 살아가는 것이 진정 부유함과 출세함
이 아닐까요?

우리의 삶은 봄 여름 가을 겨울이 갈마들 듯이 끊임없
이 변화합니다. 봄이 여름을 시기하거나, 여름이 가을을
질투하거나, 가을이 겨울을 질시하지 않듯이, 우리네 삶
도 자연의 본성대로 살아가면 어떻겠습니까? 재산이 많
아 부유하면서 더 부유함을 원하고, 지위가 높아 출세했

으면서도 더 출세하기를 바라는 것은 자연의 변화 법칙을 무시하고 살아가는 것입니다. 부자 삼대 못 가고, 권력도 10년을 넘기지 못합니다. 그것이 바로 자연의 법칙입니다. 그런데도 강대국은 약소국을 괴롭히고, 부유한 나라는 가난한 나라를 업신여깁니다. 땅이 많은데도 더 많은 땅을 원하고, 집이 넓은데도 더 넓은 집을 원합니다. 한도와 경계가 없는 욕망은 본성을 망치고 패가망신으로 귀결됩니다. 주변이 불행한데 자신만 행복하다면, 주변은 가난한데 자신만 부유하다면, 주변은 약한데 자신만 강하다면, 주변은 앓고 있는데 자신만 건강하다면, 자랑할 것이 아니라 부끄러워할 일입니다. 자연스럽지 않기 때문입니다.

장자는 경고합니다. "사람들은 자연으로부터 도망치고, 그의 본성을 떠나 타고난 성정을 없애고, 그의 신명을 잃고서 여러 가지 세상일에 종사한다. 그러므로 본성을 거칠게 함부로 다루는 사람은 욕망과 증오의 움이 터서 그의 성격을 이룬다. 갈대 같은 잡초가 자라나 처음 싹이 틀 때는 내 몸에 도움을 줄 듯이 보이지만 곧 내 본성을 뽑아 버려, 위쪽은 무너지고 아래쪽은 새면서 장소를 가리지 않고 모든 곳에 퍼져 나간다. 그래서 종기와 부스럼이 생기고, 열병에 걸리고, 당뇨병이 생겨난다."

노자의 제자 백구는 권력자에게 경고합니다. "옛날의 임금들은 이득은 백성에게 돌리고, 손실은 자기에게로 돌렸습니다. 정당한 것은 백성에게 돌리고, 비뚤어진 것은 자기에게로 돌렸습니다. 그러므로 한 사람이라도 자신에게 실수가 있으면 물러나서 스스로를 책했던 것입니다.
그러나 지금은 그렇지 못합니다. 숨어서 일을 결정하고는 알지 못하는 자들을 우롱하며, 크게 어려운 일을 하게 하고는 감히 하지 못하는 자들을 벌줍니다. 무거운 임무를 맡겨 놓고는 감당하지 못하는 자들을 처벌합니다. 먼 길을 가게 하고는 이르지 못하는 자들을 처형합니다.
그리고 백성의 능력과 지혜가 다하면 곧 허위로 일을 충당합니다. 위정자가 날로 허위적인 일을 많이 하게 되면 백성이 어떻게 허위의 일을 하지 않겠습니까? 힘이 부족하면 속이게 되고, 지혜가 부족하면 자기를 놓게 되며, 재물이 부족하면 도둑질을 하게 되는 것입니다. 백성이 도둑질하는 것은 결국 누구의 책임입니까?"

말로 사는 자들에게

— 26편 〈외물外物〉

통발은 고기를 잡는 도구지만 [筌者所以在魚]

고기를 잡고 나면 통발을 잊게 된다. [得魚而忘筌]

올가미는 토끼를 잡는 도구지만 [蹄者所以在兎]

토끼를 잡고 나면 올가미를 잊게 된다. [得兎而忘蹄]

말은 뜻을 표현하는 도구이지만, [言者所以在意]

뜻을 얻으면 말을 잊게 된다. [得意而忘言]

우리는 어찌하면 말을 잊은 사람들과 더불어 얘기를 할 수 있게 될까?

[吾安得夫忘言之人而與之言哉]

현대사회를 성과사회, 스펙 사회라고 합니다. 출세하기 위하여 스펙을 쌓고, 출세한 후에도 더 높은 곳으로 오르기 위해 성과를 내야 합니다. 그렇게 높은 곳에 오른다고 할지라도 평안한 삶이 기다리지 않습니다. 끝없이 경쟁해야하기 때문입니다. 명성을 추구하다 추문이 돌아 패가망신하기도 하고, 유명세 때문에 더욱 큰 곤욕을 치르기도 합니다. 머리를 쓰다가 제 꾀에 빠져 수렁에 빠져들 수도 있습니다. 뛰는 놈 위에 나는 놈 있고, 나는 놈 위에 나는 놈을 쏘는 놈이 있기 마련입니다.

장자는 일찍이 돈이나 명예나 지위나 지식 같은 외물(外物)에 빠져 사는 자들의 마음을 관찰했습니다. 이해득실을 따지는 사람들은 마음 편안한 날이 없습니다. 장자는 말합니다. "사람에게는 큰 근심이 있는데 이해(利害)라는 것으로, 두 가지 중 어느 곳에 치우쳐도 그 피해로부터 도망칠 길이 없다. 언제나 두려워함으로써 아무 일도 이루지 못하게 되며, 그의 마음은 하늘과 땅 사이에 매달려 있는 것처럼 불안하기만 하다. 또 고민이 마음에 있어 근심에 잠기게 되며, 이해에 관한 생각이 마찰을 일으켜 불같은 욕망을 낳는다. 그래서 많은 사람이 마음속의 화기

(和氣)를 불태우게 된다. 마음이 달처럼 맑다 해도 불같은 욕망을 이겨 내지 못하는 것이다. 그래서 그의 모든 것이 무너져 올바른 도리가 사라지게 되는 것이다."

또 세상에는 지위는 높지만 그 지위를 민중을 위해 사용하지 않고, 자신의 이익만을 위해 사용하는 사람도 많습니다. 민중들이 이의를 제기하면 변명만 번지르르하게 하고, 실행은 하지 않는 정치가들이 많습니다. 이렇게 하겠다 저렇게 하겠다 말만 번지르르하게 공약(公約)하지만, 결국 실행은 하지 않는 공약(空約)이 되고 마는 것을 우리는 너무도 많이 경험했습니다. 〈외물〉 편에는 지금 당장 생계를 위해 몇 푼의 돈이 필요한 장자에게 지위 높은 감하후는 감언이설로 눈속임을 할 뿐 돈 한 푼 주지 않는 사례가 등장합니다. 오늘날 선거 때 정치꾼들을 보는 것만 같습니다.

이럴 때는 작은 일이라도 실행하여 민중의 삶에 도움을 주는 진정한 정치가가 빛날 수 있습니다. 그래서 말을 그럴듯하게 늘어놓는 공자를 만난 노래자는 충고합니다. "공구여! 그대 몸의 오만함과 그대 얼굴의 지혜로운 듯한 모양을 버려야 한다. 그래야만 군자가 될 것이다." 덧붙여 남에 대한 평가나 충고, 칭송이나 비난을 멈추고, "성인과 폭군의 존재를 다 잊어야만 할 것이다. …성인이란 조심하면서 일을 함으로써 언제나 성공을 하는 것이다. 어쩔 것인가?"라고 묻습니다.

과유불급(過猶不及), 지나치면 미치지 않는 것만 못합니다. 그런데도 우리가 살고 있는 사회는 지나침을 추구하는 성과사회입니다. 영혼을 팔고 뼈를 갈고 피가 마르도록 일을 해도 성공에 도달하기 힘듭니다. 더 빨리, 더 많이, 더 높이! 경쟁만이 최고의 덕목으로 여겨지는 사회에서 양보나 기다림은 어리석은 듯 보입니다. 하지만 때와 조건이 성숙되기를 기다리는 것은 어리석음이 아니라 지혜입니다. 농사를 지어 본 사람은 이 말의 의미를 알 수 있습니다. 봄, 여름, 가을, 겨울 제철에 맞는 일들이 있습니다. 억지로 한다고 일이 이루어지지 않습니다. 오히려 지나쳐 망치게 되는 경우도 많습니다.

장자는 때를 아는 사람, 적절함을 아는 사람, 지나침의 위험성을 아는 사람입니다. 그는 말합니다. "덕은 명성을 추구하는 데서 잃게 되고, 명성은 자기를 드러내는 데서 망치게 된다. 다급해지니까 책모를 꾸미고, 다투다 보니 지혜를 드러낸다. 자신을 지켜 삶을 보호하고, 때와 조건을 기다려야 성과를 낼 수 있다. 봄에 비가 오고 날씨가 따뜻해지면 풀과 나무들이 무성해지며, 밭 갈고 김매는 일도 여기에서 비롯된다. 풀과 나무는 가꾸지 않아도 잘 자라나는데, 왜 그렇게 되는지는 알지 못한다."

나이가 들수록 행색은 초라해지고, 마음만 급해집니다. 몸은 마음먹은 대로 움직이지 않고, 병을 달고 살아갑니다. 장자 시절에도 안티에이징(anti-aging)하려고 노력하는 사람이 있었던가 봅니다. 장자는 안티에이징보다 웰에이징(well-aging) 방법을 이야기합니다. "고요함은 병을 고칠 수 있으며, 눈썹과 머리를 깨끗이 손질하면 늙음을 방지할 수가 있고, 편안함은 조급한 마음을 없앨 수 있다." 얼굴을 뜯어고치고, 좋다는 것을 찾아다니며 먹고, 미용에 힘쓰는 것보다 욕망을 줄이고 고요하고 편안하게 지내는 것이 더 좋습니다.

세상살이도 마찬가지입니다. 좋다는 것 따라 하다가 더욱 곤경에 처할 수 있습니다. 남들 따라 주식 투자하다가 종잣돈마저 없어지고 만 사람들이 많습니다. 몸에 좋다는 것 찾아다니다가 몸을 망치는 사람도 많습니다. 확률로도 성공은 드물고 실패는 넘칩니다. 남들 따라 하다가 자신만 망치게 됩니다. 그러니 외물에 투자하지 마시고, 내면에 투자하십시오.

내면에 투자하는 가장 좋은 방법은 말을 줄이는 것입니다. 말을 줄일수록 마음은 비워집니다. 마음을 비울수록 마음이 넓어집니다. 마음이 넓어지면 많은 것들을 판단 없이 담을 수 있습니다. 좋다 나쁘다 옳다 그르다 이렇게 해야 하고 저렇게 하면 안 된다는 판단이 없어지면 사물을 있는 그대로 볼 수 있습니다. 사물을 그대로 보는 것이 하늘과 땅을 닮는 것입니다. 천지를 닮으면 안 되는 것도 되는 것도 없이 자연스럽게 살게 됩니다. 자연스럽게 살다 보면 억지로 하지 않아도 모든 것을 이루게 됩니다.
장자는 이 경지를 이렇게 문학적으로 표현했습니다.

"통발은 고기를 잡는 도구이지만 고기를 잡고 나면 통발을 잊게 된다. 올가미란 토끼를 잡는 기구이지만 토끼를 잡고 나면 올가미를 잊게 된다. 말이란 것은 뜻을 표현하는 도구이지만, 뜻을 표현하고 나면 말을 잊게 된다. 우리는 어찌하면 말을 잊은 사람들과 더불어 얘기를 할 수 있게 될까?"

말 없는 말

말을 하되 시비를 말하지 않으면 [言無言]

평생토록 말을 해도 [終身言]

말을 한 일이 없는 것이 된다. [未嘗言]

평생토록 말을 하지 않아도 [終身不言]

말을 안 한 일이 없는 것이 된다. [未嘗不言]

권력을 가지고 있는 사람들은 돌려 말하지 않습니다. 시비곡직을 가려 분명히 말하는 것을 좋아합니다. 그 말에는 힘이 있어, 거짓을 말해도 주변 사람들이 이의를 제기하지 못합니다. 권력을 좋아하는 사람들 옆에 간신배들이 넘쳐 나는 이유입니다. 하지만 권력이 없는 사람들은 상대방에게 직접적으로 말하는 것을 꺼립니다. 행여나 잘못 말해 자신에게 위험이 닥칠지도 모르기 때문입니다.

지식을 가지고 있는 사람들은 쉽게 말하지 않습니다. 현란하고 화려하게 말하기를 좋아합니다. 그 말에는 난해함이 있어, 틀린 지식을 말해도 주변 사람들이 분명하게 시비를 가리지 못합니다. 그저 난처한 표정을 지으며 고개를 끄덕이거나 갸우뚱거릴 뿐입니다. 하지만 지식이 없는 사람들은 어렵게 말하는 것을 꺼립니다. 행여나 잘난 척하다가 손가락질을 당할지도 모르기 때문입니다.

장자는 쉽게 말하기, 비유적 말하기, 돌려 말하기의 명수입니다. 그는 천생 이야기꾼입니다. 그는 어려운 말을 하지 않고 비유적으로 말했습니다. 이솝이 우화를 사용하여 자신의 생각을 드러낸 것처럼 장자의 많은 이야기가 우화의 형식을 띠고 있습니다. 그는 권력이 없기에 상대방에게 강변하거나 윽박지르지 않았습니다. 대신 은근히 상대방의 잘못을 비유를 통해 지적함으로써 상대방의 기분을 완전히 상하게 하지 않았습니다. 직설이 아니라 비유를 사용하여 돌려 말하는 그의 문체는 이후 수많은 문인의 모범이 되었습니다.

장자는 한쪽으로 치우친 말을 좋아하지 않았습니다. 고집스럽게 하나의 입장만 말하는 것을 꺼렸습니다. 안다고 말하는 것을 싫어했습니다. 세상에는 모르는 것투성이고, 안다고 하더라도 세상이 변화하면 달라지기 때문입니다. "그때는 맞고 지금은 틀"릴 수도 있음을 누구보다 잘 알았습니다. 변화에 따라 말을 했지만 시비(是非)를 가리기 위해서 하지 않았습니다. 오히려 시비의 외부, 옳고 그름의 상대성을 드러내기 위해서 말했습니다.

옳고 그름이 아니라, 옳고 그름의 중간. 변함없는 원리가 아니라 변화하는 사태를 소중히 관찰했습니다. 세상살이에 순응하되 빠져 살지는 않았습니다. 그는 세상과 동떨어져 살아가는 은둔자가 아니었고, 세상에 영합하는 기회주의자는 더더욱 아니었습니다.

그는 시비를 가르는 편 가름이 아니라 세상 만물과 조화를 이루는 법을 탐구했습니다. 그의 스승은 자연이었습니다. 그는 자연을 관찰하며 삶의 원리를 배워 갔습니다. 봄이 여름과 싸우지 않듯, 가을이 겨울을 꺼리지 않듯, 자연의 흐름에 자신을 맡기고 무궁한 변화를 즐겼습니다. 그래서인지 그는 이렇게 말했습니다.

"시비를 말하지 않으면 사물과 조화롭게 된다. 조화를 말하면서 시비를 따지는 것은 어울리지 않으며, 시비를 따지면서 조화를 주장하는 것은 말이 안 된다. 그러므로 시비를 말하지 않는다고 얘기하는 것이다. 말을 하되 시비를 말하지 않으면 평생토록 말을 해도 말을 한 일이 없는 것이 된다. 평생토록 말을 하지 않아도 말을 안 한 일이 없는 것이 된다."

발 없는 말이 천 리를 간다면, 말 없는 말은 세상과 조화를 이룹니다. 상대방을 다치게 하는 말을 하지 않으니 상대방의 마음속에 응어리가 남을 리 없습니다. 아무리 말을 많이 해도 말하지 않은 것과 같았습니다. 한편 아무런 말을 하지 않아도 상대방이 기분 나빠 하지 않았습니다. 상대방을 대하는 그의 행동이 자연스러워, 마치 물속에 있는 물고기처럼, 공중을 나는 새처럼 의식하지도 못한 채 받아들여졌습니다. 그는 말 없는 말의 가치를 누구보다 잘 아는 사람이었습니다. 백 마디 말보다 한 번의 따뜻한 행동이 더욱 강력한 힘을 나타내는 법입니다.

그는 상대방을 변화시키려 억지로 애쓰지 않았습니다. 억지(抑止)에는 반드시 강제(强制)가 따르고, 강제에는 반드시 강변(强辯)이 따르고, 강변은 상대방을 억압(抑壓)하는 무기가 되기 때문입니다. 넌지시 말하고, 비유로 말하고, 말할 수 있을 때만 말하고, 말할 수 없을 때는 입을 닫았습니다. 세상사에는 때와 시가 있고, 그 때와 시는 억지로 바꿀 수가 없습니다. 그는 모든 존재를 동등하게 보았습니다. 만물제동(萬物齊同), 동등하게 보았기에 차별이 없고, 차별이 없기에 조화로웠습니다. 이를 장자는 자연에 조화롭다 하여 '천균(天鈞)'이라 말했습니다.

그는 자신이 변화하는 것을 두려워하지 않았습니다. 처음에 옳았다고 끝까지 옳다고 말하지 않았습니다. 자신이 가지고 있던 알량한 지식을 버리는 것을 계속 실천했습니다. 계속 버리고 버려 텅 비어 하늘과 귀신을 담을 수 있게 되었습니다. 그는 그 무엇에도 속박되지 않는 자유인이었습니다. 그는 이 자유로움을 즐겼습니다. 재물이나 지위도, 명예와 권력도 "마치 참새나 모기가 그의 앞을 날아

지나가는 것을 보듯" 여겼습니다.

장자는 권력자들의 초대와 유혹에 넘어가지 않았습니다. 권력을 누리다가 하루아침에 사라지는 정치인들을 많이 보았기 때문입니다. "차라리 진흙탕에서 꼬리를 끌고 다니는 거북이가 되"기를 바랐습니다. 권력은 아침 이슬과 같은 것이었습니다. 권력을 숭앙하지도 두려워하지도 않았기에 권력자들은 장자를 꺼려 했지만, 장자 주변 사람들은 그를 동네 사람처럼 친근하게 대했습니다. 권력자들이 다가가면 슬슬 피하던 사람들도, 장자가 다가가면 자리를 내주고 말을 건넸습니다. 그는 권력자의 개가 되기보다 민중의 친구가 되기를 간절히 바랐습니다. 같은 동네에 살면서 막걸리 한잔 나눌 수 있는 이야기꾼 장자!

몸을 사랑하라

― 28편 〈양왕讓王〉

진실한 도로써 자기 몸을 다스리고, [道之眞以治身]

그 나머지로써 나라를 돌보고, [其緖餘以爲國家]

그 찌꺼기로 천하를 다스리는 것이다. [其土苴以治天下]

선거철만 되면 인재들이 출몰하며 출세를 선언합니다. 춘추전국시대에도 인재들이 넘쳐 났습니다. 법을 개혁하고 법을 중시하는 법가(法家)와 사랑과 정의를 외치며 나서는 유가(儒家)가 대표적인 인물입니다. 이들은 세상을 바꾸겠다고 나서는 출세주의자들입니다. 이들의 공통적 태도는 선공후사(先公後私), 즉 공적인 제도와 시스템을 바꾸는 것을 우선하고, 이를 위해 개인적 이익을 뒤로하겠다고 합니다. 하지만 이들의 심층심리에는 공명심(功名心)이 있습니다. 공을 세워 이름을 알리고자 하는 것입니다.

이와 대조적으로 도가(道家)로 분류되는 인물들은 세상을 바꾸겠다고 나서지 않습니다. 이들은 오히려 멸사봉공(滅私奉公)을 반대하고, 자신의 생명을 무엇보다 중요하게 생각했습니다. 이들은 역설적으로 이렇게 말합니다. "천하를 다스리겠다는 생각이 없는 사람에게 천하를 맡겨라." 노자는 "자신의 몸을 사랑하는 사람에게 천하를 맡기라"고 당부하고, 양주는 "천하를 위하여 자신의 털끝 하나도 희생하지 말라"는 경물중생(輕物重生)의 극단적 주장을 합니다. 장자는 말합니다. "천하란 큰 그릇이긴 하지만 그것으로 자신의 목숨과 바꾸지는 않겠다. 이것이 도를 터득한 사람과 세속적인 사람의 차이다."

28편인 〈양왕〉은 지위나 명예, 권력보다 자신의 몸과 백성의 생명을 더 소중하게 생각하는 사람들을 소개합니다. 몸을 중시한다고 하니 보신주의(保身主義)를 떠올릴지 모르겠지만, 장자는 차라리 자신의 삶을 온전히 하는 전신(全身)이라 할 수 있습니다. 자신의 삶을 온전히 하는 전생(全生)의 출발점은 전신(全身)입니다. 오늘날 용어로 말하자면 생명사상이라 할 수 있습니다. 자신의 생명을 소중하게 생각하는 사람이 남의 생명을 소중하게 생각합니다. 자신을 온전히 사랑하는 사람만이 남을 온전히 사랑할 수 있습니다. 자신이 도구가 아니라 목적일 때 타자도 도구가 아니라 목적으로 대할 수 있습니다.

나와 백성의 생명을 보호하기 위해 왕위를 양보한다는 뜻의 〈양왕〉 편에는 이를 실천하는 수많은 사람이 소개되어 있습니다. 처음으로 등장하는 사람은 주나라 문왕의 할아버지 대왕단보(고공단보)의 이야기입니다. 무왕이 주나라로 천하 통일을 하고 나서 추존하여 태왕(太王)으로 모셨던 분입니다. 대왕단보가 빈(邠) 땅에서 백성들과 평화롭게 살고 있는데 적인(狄人, 흉노족)이 쳐들어옵니다. 대왕단보는 그들과의 전쟁을 피하고자 가죽과 비단, 개와 말, 진주와 구슬을 주며 달래지만 그들은 막무가내입니다. 그러자 대왕단보는 백성들에게 말합니다. "남의 형과 함께 살면서 그의 아우를 죽이거나, 남의 아버지와 함께 살면서 그의 자식을 죽이는 일을 나는 차마 못 하겠다. 그대들은 모두가 힘써 여기에서 잘 살아라. 내 신하가 되는 것과 적인들의 신하가 되는 것이 무엇이 다르겠느냐? 내가 듣건대 오랑캐라 할지라도 백성이 자신을 지키는 데 도움이 된다면, 함부로 백성을 해치지 않는다고 했다. 너희들은 살게 될 것이다."

전쟁하기보다는 왕위에서 물러나기로 결심하고 지팡이를 짚고 빈 땅을 떠나자 백성들이 모두 그를 따라 기산 아래로 이주합니다. 전쟁 없이, 아무도 죽지 않고, 평화롭게 이주한 것입니다. 땅보다는 백성입니다. 재물보다는 생명입니다. 장자는 말합니다. "대왕단보 같은 이는 삶을 존중할 줄 안다고 말할 수 있다. 삶을 존중할 줄 아는 사람은 비록 존귀하고 넉넉하게 하더라도 몸을 보양하는 수단을 위해 자신을 해치지 않는다. 비록 가난하고 천하다 하더라도 이익을 위해 육체에 해를 끼치지 않는다."

〈양왕〉 편은 이처럼 생명을 아끼고, 권력이나 지위를 도외시하는 사람들로 넘쳐 납니다. 월나라 왕자 수는 수없이 많은 선왕들이 죽는 것을 보고 단혈로 도망가 숨습니다. 월나라 사람들이 단혈을 찾아가 왕이 되어 달라고 호소하지만, 막무가내. 극단적인 조치로 굴 안에 쑥을 넣고 태워 연기 때문에 결국 밖으로 나오자 그를 임금이 타는 수레에 태워 모십니다. 그러자 왕자 수는 하늘을 우러러보며 울부짖습니다. "임금이라니, 어째서 나를 놓아주지 않는 것인가!"

월나라 사람들은 왜 임금 노릇 하기 싫다는 왕자를 임금으로 옹위한 걸까요? 장자는 말합니다. "왕자 수는 임금이 되기가 싫었던 것이 아니라 임금 노릇을 함으로써 생기는 환란이 싫었던 것이다. 왕자 수 같은 사람은 나라 때문에 자기 삶을 다치게 하지 않으려 했던 사람이라 할 수 있다. 그래서 월나라 사람들은 그를 찾아내어 임금으로 삼고자 했던 것이다."

공자의 제자 중에서도 출세보다는 가난하지만 스스로 즐겁게 지내는 삶을 택한 사람들이 많습니다. 출세하여 큰 말에 수레를 끌고 찾아온 자공이 가난하게 사는 공자의 제자 원헌에게 왜 이렇게 고생하며 사냐고 묻자, 원헌은 말합니다. "내가 듣건대 재물이 없는 것은 가난하다고 말하고, 배우고도 행하지 못하는 것을 고생하는 것이라 말한다 합디다. 그러니 지금 나는 가난한 것이지 고생하는 것은 아닙니다." 자공이 부끄러운 낯빛으로 변하자 마지막 한 방을 먹입니다.

"세상의 평판을 바라면서 행동하고, 자기와 친하게 어울리는 사람만을 벗하고, 학문은 남에게 뽐내기 위해서 하고, 가르침은 자기의 이익을 위해서 하고, 인의를 내세워 간악한 짓을 하고, 수레와 말을 장식하는 일들은 나로서는 차마 하지 못할 일입니다." 자공은 차마 한마디도 하지 못합니다. 자공 패! 원헌 승!

안회도 자발적 가난을 선택하고 벼슬을 하지 않았습니다. 공자가 안회에게 가난하니 벼슬을 하는 것이 어떠냐고 묻자 안회가 답합니다. "벼슬을 하고 싶지 않습니다. 제게는 성곽 밖의 밭 오십 묘가 있으니 식량을 얻기에는 충분합니다. 성곽 안에는 밭 십 묘가 있으니 무명과 삼을 얻기에 충분합니다. 금을 타고 지내면 스스로 즐기기에 충분합니다. 선생님으로부터 배운 도는 스스로 즐겁게 살기에 충분합니다. 저는 벼슬을 하고 싶지 않습니다." 공자의 그의 태도를 칭찬합니다. (장자에서는 종종 공자가 장자의 이미지로 등장합니다.)

처음 소개한 인용구는 은둔자 안합에 대한 이야기에서

나온 것입니다. 노나라 임금이 안합을 중용하고자 사신을 보내 선물을 주고 초대하지만, 안합은 잘못 찾아왔다고 사신을 되돌려 보냅니다. 재차 확인한 후 다시 찾아가 보았지만 안합은 이미 그 집에서 사라진 뒤였습니다. 요즘 상황이라면 수신 거부하고 이주해 버린 것입니다. 이에 대한 장자의 평입니다.

"옛말에 '진실한 도로써 자기 몸을 다스리고, 그 나머지로써 나라를 돌보고, 그 찌꺼기로 천하를 다스리는 것'이라고 했다. 이렇게 본다면 제왕들의 공로란 성인들의 여분의 일인 것이며, 그런 일은 자신을 완전히 간수하고 삶을 보양하는 방법은 되지 못하는 것이다. 지금 세속의 군자들은 대부분이 자신을 위험에 빠뜨리고 삶을 버리면서까지 사물을 추구하고 있으니, 어찌 슬프지 않은가? 모든 성인의 행동이란 반드시 그것을 하는 까닭과 그것을 하는 방법을 먼저 살피는 것이다. 지금 여기에 어느 사람이 진귀한 수후의 구슬로 천 길 높이의 참새를 쏘았다면 세상 사람들은 반드시 그를 비웃을 것이다. 그것은 그가 사용한 것이 귀한 것임에 반하여 그것으로 얻은 것은 가벼운 것이기 때문이다. 사람의 삶을 어찌 수후의 구슬의 귀중함에 비교하겠는가?"

무엇이 소중합니까? 생명입니까, 권력입니까? 삶입니까, 재
물입니까? 장자는 가장 소중한 목숨을 다른 것과 바꾸지
말라고 말합니다. 설령 그것이 왕의 자리라 할지라도! 돈
과 권력을 위해 목숨을 하찮게 여기는 현대사회에서 장
자의 주장은 시대착오적이라 평가받을 수 있습니다. 하지
만 아무리 시대가 변해도 변하지 않는 것이 하나 있습니
다. 우리는 단 한 번 태어나 단 한 번 살아가는, 세상의 무
엇과도 바꿀 수 없는, 유일한 생명이라는 점 말입니다. 그
러니 무엇보다 목숨을, 생명을, 삶을 소중히 여기십시오.
나머지는 쓰레기처럼 여기십시오.

진짜 도둑은 누구인가

─ 29편 〈도척盜跖〉

지금 너는 문왕의 도를 닦고서 [今子修文武之道]

천하의 이론을 도맡아 [掌天下之辯]

후세 사람들을 가르친다고 나섰다. [以教後世]

넓고 큰 옷에 가는 띠를 두르고 [縫衣淺帶]

헛된 말과 거짓 행동으로 [矯言僞行]

천하의 임금들을 미혹시켜 [以迷惑天下之主]

부귀를 얻으려는 것이다. [而欲求富貴焉]

도둑치고도 너보다 더 큰 도둑은 없는데, [盜莫大於子]

세상 사람들은 어째서 너를 도구(盜丘)라 부르지 않고,

[天下何故不謂子爲盜丘]

반대로 나를 도척(盜跖)이라 부르는 것이냐.

[而乃謂我爲盜跖]

〈도척〉 편은 크게 세 덩어리의 대화로 구성되어 있습니다. 공자와 도척의 대화, 자장과 만구득의 대화, 무족과 지화의 대화입니다. 그중에서 메인 스토리는 당연히 공자와 도척의 대화이지요. 이 이야기부터 해 볼까요?

중국 역사를 통틀어 가장 악독하고 무자비한 도적이 바로 도척입니다. 장자는 그를 이렇게 소개합니다. "공자에게 유하계라는 친구가 있었는데, 그의 아우 이름은 도척이라 했다. 도척은 9천 명의 졸개를 거느리고 천하를 횡행하면서 제후들의 영토를 침범하여 그들을 털었다. 남의 집에 구멍을 뚫고 문을 부수고 들어가 남의 소와 말을 훔치고 남의 부녀자들을 약탈했다. 이익을 탐하느라 친척도 잊었으며, 부모 형제도 돌아보지 않았고, 조상들에게 제사도 지내지 않았다. 그가 지나가는 곳에서는 큰 나라는 성을 지키고, 작은 나라는 성안으로 도망쳐 난을 피했다. 그래서 온 백성들이 괴로움을 당했다."

이런 엄청난 도적을 공자가 고쳐 보겠다고 나선 것입니다.

유하계는 위험에 빠질지 모른다고 만류하지만 공자는 그의 말을 듣지 않고 안회에게 수레를 몰게 하고 자공을 옆에 앉힌 뒤 도척을 만나러 갑니다. 도척은 태산의 남쪽에서 졸개들을 쉬게 하고, 자신은 사람의 간을 회를 쳐 먹고 있었습니다. 도척은 공자를 보자, 하대하며 노나라 위선자 공구라고 칭합니다. 그리고 돌아가지 않으면 공자의 간으로 점심 반찬을 만들겠다고 협박하지요.

공자는 도척의 형 유하계와의 친분을 들먹이며 접견을 요청합니다. 공자는 자신을 겁박하는 도척을 장군이라 부르며, 만약에 도척이 의향이 있다면 도적 신분을 벗어나 강대국의 장군으로 추천하겠다고 말합니다. "그리하면 천하와 더불어 이 난세를 혁파하고, 병사들을 쉬게 하며, 형제들을 거두어 보양해 주고, 다 같이 조상에게 제사를 드릴 수 있게 될 것입니다. 이것이야말로 성인이나 재사들의 행위인 동시에 천하가 바라는 바이옵니다."

이 말을 들은 도척은 기뻐하기는커녕 더욱더 크게 노하며 공자에게 중국의 역사를 이야기하며 왕이란 것들은 성군까지도 결국은 다른 왕을 죽이고, 약한 자를 짓밟고, 다수가 소수를 학대하여 세상을 어지럽히는 무리에 불과

하다고 말합니다. 마지막으로 공자야말로 진짜 도적이라고 말하지요. "지금 너는 문왕의 도를 닦고서 천하의 이론을 도맡아 후세 사람들을 가르친다고 나섰다. 넓고 큰 옷에 가는 띠를 두르고 헛된 말과 거짓 행동으로 천하의 임금들을 미혹시키어 부귀를 추구하려는 것이다. 도둑치고 너보다 더 큰 도둑은 없는데, 세상 사람들은 어찌하여 너를 도구(盜丘)라 부르지 않고, 반대로 나를 도척(盜跖)이라 부르는 것이냐!" 그러고서는 공자의 죄목을 일일이 지적하며 공자를 꼼짝 못 하게 합니다.

공자는 기가 질려 부리나케 수레에 올라 도망갑니다. 나중에 친구인 유하계를 만나 자신의 실패담을 이야기하며 한탄합니다. 호랑이를 잡으러 갔다가 호랑이한테 잡아먹힐 뻔했다면서요.

공자만 낭패를 당한 것이 아닙니다. 공자의 제자인 자장은 만구득을 설득하려다가 오히려 설득을 당합니다. 자장이 유학의 핵심인 오륜(五倫)을 들먹이며 설득하려 하자, 만구득은 공자파들이 칭송하는 인물들을 비판하며 이렇게 말합니다. "요임금은 맏아들을 죽였고, 순임금은 이복동생을 귀향 보냈는데, 멀고 친한 사람의 구별이 있는 것입니까? 탕왕은 걸왕을 내쳤고, 무왕은 주왕을 죽였는데, 귀하고 천한 신분의 기준이 있는 것입니까? 왕계는 형을 물리치고 왕위의 계승자가 되었고, 주공은 형을 죽였는데 어른과 아이의 질서가 있는 것입니까? 유학자들은 거짓된 이론을 펴고, 묵가의 사람들은 모든 사람을 다 같이 사랑해야 한다고 주장하는데, 오륜의 분별이 있는 것입니까? 그런데도 선생께서는 명분을 바르다고 주장하고 저는 이익을 바르다고 주장하는데, 명분이고 이익이고 그 사실을 알고 보면 이치에 순응하지도 않고 도리에 합치하지도 않는 것입니다." 공자가 도척에게 패하듯, 자장은 논쟁에서 만구득에게 패하고 맙니다.

한편 부를 예찬하고 부의 권능을 숭상하면서 자신의 삶에 만족이 없는 무족(无足)은 이렇게 말합니다. 마치 자본주의 예찬론과 같은데요. "부란 사람에 대하여 이롭지 않은 것이 없습니다. 부는 어떠한 아름다움도 이룰 수 있고, 어떠한 권세라도 추구할 수 있으므로 이것은 지극한 사람도 미칠 수 없는 일이며, 성인도 따라갈 수 없는 일입니다. 부는 남의 용기와 능력을 빌어 위세를 떨치고 강한 힘을 발휘합니다. 남의 지혜와 계략을 이용하여 명석하게 잘 살필 수도 있습니다. 남의 덕을 근거로 하여 현명하고 어질게 행동할 수도 있는 것입니다. 나라를 다스리고 있지 않아도 임금이나 아버지 같은 위엄을 지닐 수도 있습니다. 또한 음악이나 미술이나 권세와 같은 사람의 마음을 즐겁게 하는 것들을 배우지 않고도 즐길 수가 있습니다. 몸은 다른 물건을 빌지 않고도 편안할 수 있습니다. 탐나는 것을 얻고 싫어하는 것을 피하는 일도 스승을 기다릴 것 없이 이루어집니다. 이것이 사람의 본성입니다. 온 천하가 비록 나를 비난한다 하더라도 누가 그것을 마다할 수 있겠습니까?"

돈이면 다 된다는 금전만능론(金錢萬能論)을 펼치는 무족의 주장에, 하늘과 땅의 조화를 말하는 지화(知和)는 반대로 재물로 인한 여섯 가지 피해를 열거하는데요. 욕망을 충족하면서 자기가 해야 할 일을 잊는 혼란[亂], 탐욕에 빠져 무거운 짐을 지고 오르막길로 오르는 고통[苦], 돈을 탐하니 우울해지고, 권력을 탐하니 힘이 빠지고, 조용히 있을 때는 음란에 빠지고, 몸이 편하면 주체할 줄 모르는 병(病), 욕망이 가득해 위험이 도사리고 있어도 피할 줄 모르고 탐욕을 버리지 못하는 수치[辱], 재물이 가득해도 쓸 줄 모르고, 불안 초초해하면서 끝없이 이익을 추구하는 걱정[憂], 도둑이 들지 않을까, 강도를 만나지 않을까 하는 두려움[畏] 등입니다. 지화의 결론은 이렇습니다. "이 여섯 가지는 천하의 지극한 피해입니다. 그러나 모두 이것을 잊고서 살필 줄 모릅니다. 환란이 닥쳐야만 그의 삶을 다하고 재물을 다 바쳐서라도 다만 하루의 무고한 날로 돌아가기를 바라지만, 그때엔 이미 그리될 수 없는 일입니다. 그러므로 명예란 관점에서 추구하더라도 얻는 것이 없는 것입니다. 사람들이 자기 마음을 얽매고 자기 몸을 해치면서까지 이런 것을 다투고 있으니 또한 미혹된 일이 아니겠습니까."

결국 도덕과 명분으로 사회를 어지럽히고, 재물을 추구하느라 몸과 마음을 망치는 일은 예나 지금이나 매한가지인가 봅니다. 오늘날에도 좌로는 이념과 사상을, 우로는 재물과 지위를 숭상하며 갈등을 부추기고 국민의 삶을 곤궁하게 만들고 있습니다. 이념에 취해 머리가 지끈거리고, 돈에 취해 몸과 마음을 망치는 우리 삶에 장자는 결국 무엇이 중요한지, 어떻게 살아야 하는지 다른 시선에서 바라보고 하늘과 땅의 변화와 더불어 살아가는 방법을 제안하고 있습니다.

장자는 만구득의 입을 빌려 이렇게 이야기합니다. "자기 사방을 둘러보면서 적응하며 때의 변화에 더불어 살아가야 한다. 옳든 그르든 간에 원만한 마음을 지켜야만 한다. 자기의 뜻을 홀로 이룩하여 도와 더불어 세상에 노닐어야 한다. 한결같이 행동하려고 애쓰지 말고, 의로움을 이룩하려 애쓰지 말라. 그러면 자기의 본성만을 잃게 될 것이다. 자기의 부를 추구하지 말 것이며, 성공하려 애쓰지 말아야 한다. 그런 행동은 자기의 천성을 버리는 결과가 될 것이다."

천하무적, 장자

대개 검술이라는 것은 [夫爲劍者]

상대방에게 이쪽의 허점을 보여 줌으로써 [示之以虛]

상대를 유인하고, [開之以利]

상대보다 늦게 칼을 뽑으면서 [後之以發]

상대보다 먼저 공격하는 것입니다. [先之以至]

한번 실제로 이를 시험해 보이고 싶습니다. [願得試之]

장자 한 편이 마치 드라마처럼 연출되는 유일한 편이 바
로 〈설검〉입니다. 제목을 통해서 짐작하겠지만, 드라마의

소재는 검술입니다. 장자와 검술이라? 일찍이 공자는 군자의 싸움으로 활쏘기를 이야기한 적이 있습니다만, 검술을 이야기하지는 않았습니다. 그런데 30편에서 장자는 천하무적 검객으로 등장합니다. 벌써부터 흥미진진하지 않나요?

일단 장자가 검객으로 등장하게 된 배경입니다. 조나라 문왕은 칼싸움 구경을 좋아하여 문하에 3천 검객이 식객으로 모여들었습니다. 문왕이 칼싸움을 시키고 구경하니 1년에 칼싸움으로 죽은 검객들이 백 명이 넘었습니다. 그런데도 문왕이 이를 멈추지 않고 칼싸움을 계속 시켜서 3년이 지나자 나라가 쇠퇴해지니 다른 나라에서 조나라를 멸망시키려 엿보게 되었습니다. 이를 지켜본 태자 회의 걱정이 이만저만이 아니었겠지요. 그래서 그는 천금을 상으로 내걸고 이 칼싸움을 멈출 자를 찾았습니다.

그때 한 사람이 장자를 추천했습니다. 장자에게 천금을 예물로 하여 사자를 보내니, 장자가 태자를 만나러 옵니다. 태자가 장자의 꼴을 보니 천생 학자처럼 생겨서 검객이 아니었습니다. 태자는 그간의 사정을 말하고 장자와 대화를 나눕니다. 대화를 엿들어 보겠습니다.

- 우리 임금은 검객만 좋아합니다.

- 저도 검술을 제법 합니다만.

- 복장이 우리 임금님이 좋아할 스타일이 아닙니다.

- 그럼, 저에게 복장을 갖춰 주십시오.

사흘이 지나 검복으로 갖춰 입은 장자와 태자가 문왕을 만나러 갑니다. 문왕은 대단한 검객이 온다는 소식을 미리 듣고 칼을 뽑아 든 채 장자를 기다리고 있었습니다. 왕을 본 장자는 잰걸음으로 예의를 갖추지도, 절도 하지 않았습니다. 왕이 보기에 괘씸했지만 최대한 화를 자제하고 장자에게 묻습니다.

- 그대는 나에게 무엇을 가르치러 왔습니까?

- 임금님께서 칼을 좋아하신다 하니 검술을 가르치러 왔습니다.

- 그대는 칼로 몇 사람이나 대적할 수 있소?

- 저의 칼은 열 걸음마다 한 사람씩 베어 천 리를 아무도 가로막지 못합니다.

- 천하무적이로군요!

- 검술이란 허허실실. 상대방에게 허점을 보여 주고 유인하여 상대보다 늦게 칼을 뽑아 상대보다 먼저 공격하면 반드시 이기게 됩니다. 시범을 보여 드릴까요?

문왕은 대단한 검객이 왔다고 생각하여, 아무와 대결시키는 것보다 최고의 검객들과 싸우게 하는 것이 낫다고 판단하였습니다. 그리하여 장자가 결전을 기다리는 7일간, 자신의 검객들을 시합을 시켜 60여 명의 사상자를 낸 뒤 베스트 5를 골라 도열시켰습니다. 장자를 불러 득의양양하여 말합니다.

- 이들이야말로 내가 뽑은 최고의 검객들이오. 이들과 시험 삼아 검술을 겨루어 보시겠소?

- 오랫동안 기다려 온 바입니다.

- 무슨 칼을 쓰시겠소?

- 저야 아무 칼이나 써도 상관없지만, 제게 칼이 세 자루 있는데 임금님께서 원하시는 대로 쓰겠습니다.

- 세 자루의 칼이 무엇입니까?

- 천자의 칼과 제후의 칼, 서민의 칼이 있습니다.

왕의 호기심을 잔뜩 키운 후, 왕이 묻는 대로 답해 줍니다. 이른바 '설검(說劍)', 칼에 대한 설명을 하는 것이지요. 장자의 장광설은 정말로 물 흐르듯 대단합니다.

- 천자의 칼이란 무엇입니까?

- 천자의 칼이란 연나라의 계곡과 변방의 성곽을 칼끝으로 하고, 제나라의 태산을 칼날로 삼으며, 진과 위나라가 칼등이 되고, 한나라와 위나라가 칼집이 되며, 사방의 오랑캐들로 씌우고, 사계절로 감싸서, 그것을 발해로 두르고, 상산을 띠 삼아 묶고, 오행으로 제어하고, 형벌과 은덕으로 논하며, 음양의 작용으로 발동하고, 봄과 여름의 화기로 유지하고, 가을과 겨울의 위세로 발휘케 합니다. 이 칼을 곧장 내지르면, 앞을 가로막는 것이 없고, 아래로 내리치면 걸리는 것이 없으며, 휘두르면 사방에 거칠 것이 없습니다. 위로는 구름을 끊고, 아래로는 땅을 지탱하는 큰 줄을 자를 수 있습니다. 이 칼은 한번 쓰기만 하면 제후들의 기강이 바로 서고, 천하가 모두 복종하게 됩니다. 이것이 천자의 칼입니다.

- 제후의 칼이란 무엇입니까?

- 제후의 칼은 용기 있는 자로 칼끝을 삼고, 청렴한 사람으로 칼날을 삼으며, 현명하고 어진 사람으로 칼등을 삼고, 충성스러운 이로 칼자루의 테를 삼으며, 호걸로 칼집을 삼습니다. 이 칼 역시 곧장 내지르면 앞에 가로막는 것이 없고, 위로 쳐올리면 위에 걸리는 것이 없으며, 아래로 내치면 아래에 걸리는 것이 없고, 휘두르면 사방에서 당

할 것이 없습니다. 위로는 둥근 하늘을 법도로 삼아 해와 달과 별의 세 가지 빛을 따르고, 아래로는 모가 난 땅을 법도로 삼아 사계절을 따르며, 가운데로는 백성들의 뜻을 헤아려 사방의 온 나라를 편안하게 합니다. 이 칼을 한번 쓰면 천둥소리가 진동하는 듯하며, 나라 안 사람들이 복종하지 않는 이가 없게 되어 모두가 임금님의 명령을 따르게 됩니다. 이것이 제후의 칼입니다.

왕의 얼굴이 붉어지고 가슴이 울렁거립니다. 자신이 좋아하는 칼이 아니었기 때문입니다. 왕은 조심스럽게 묻습니다.

– 서민의 칼은 무엇입니까?

– 서민의 칼은 더벅머리에 늘어진 뺨에 구레나룻이 비쭉 솟았으며, 낮게 기운 관을 쓰고, 장식이 없는 끈으로 관을 묶었으며, 소매가 짧은 옷을 입고, 부릅뜬 눈에 말을 더디게 하면서 임금님 앞에서 서로 치고받으며 싸웁니다. 위로는 목을 베고, 아래로는 간과 폐를 찌릅니다. 이것이 바로 서민의 칼이며, 싸움닭과 다를 바 없습니다. 일단 목숨을 잃고 나면 이미 나랏일에도 쓸모가 없게 되지요. 지금 임금님께서는 천자와 같은 자리에 계시면서도 서민의 칼을 좋아하십니다. 제가 이 칼을 쓸까요?

이후는 여러분이 상상하는 바입니다. 검객들은 안절부절 못하고, 임금은 장자의 옷소매를 잡아끌어 진수성찬으로 차려 놓은 식탁에 앉히고, 자신은 음식도 먹는 둥 마는 둥. 싸움도 시작하기 전에 말로 싸움이 끝난 것입니다. 장자는 문왕을 말로 된 칼로 선공하여 굴복시킨 것입니다. 그 결과는 어떻게 되었을까요? 이렇게 끝납니다. "그로부터 석 달 동안 문왕은 궁전을 나가지 않았으며 검객들은 모두가 그 자리에서 자결했다."

천하무적 장자의 이야기는 이렇게 해피엔딩(?)으로 끝나지만, 지금 내 마음은 해피엔딩이 아닙니다. 공교롭게도 이야기를 쓰고 있는 동안 나는 자꾸 우리나라의 권력자가 떠오릅니다. 우리나라 최고 권력자는 지금 무슨 칼을 쓰고 있는 걸까요? 그 칼로 무슨 일을 하고 있는 걸까요? 그렇게 칼을 휘두르면 우리나라는 온전할까요? 설령 장자를 초대하여 권력자 앞에 세운들, 그 권력자는 아랑곳하기나 할까요? (상상을 멈춰야겠습니다. 자꾸 나를 포함한 우리나라 국민의 신세가 비참해집니다.)

사람의 마음을 움직이려면

- 31편 〈어부漁父〉

그 자신은 아직도 느리게 뛰기 때문이라 생각하고, [自以爲尙遲]

쉬지 않고 질주하다가 [疾走不休]

결국에는 지쳐 죽고 말았다. [絶力而死]

그늘 속에 쉬면 그림자가 사라지고, [不知處陰以休影]

고요히 있으면 발자국이 생기지 않는다는 것을 알지 못했으니

[處靜以息迹]

어리석음이 지나쳤던 것이다. [愚亦甚矣]

30편 〈설검〉이 한 편의 드라마라면, 31편 〈어부〉는 대화편

이라 할 수 있습니다. 서양에 소크라테스의 대화편이 있다면, 동양에는 장자의 대화편이 있지요. 이번 대화의 주인공은 69세 먹은 공자와 물고기를 잡는 노인입니다. 일단 대화편의 서막은 상황 묘사로 시작됩니다. 공자가 제자들과 소풍을 나왔습니다. 공자는 우거진 숲속 살구나무가 있는 높은 단에 앉아 쉬고, 제자들은 책을 읽고 있습니다. 공자가 무료했는지 거문고를 타고 노래를 부르네요. 그때 수염과 눈썹이 새하얗고 머리카락을 풀어헤친 한 어부가 강가 둔덕으로 올라와 왼손은 무릎 위에 놓고 오른손은 턱을 괸 채 공자의 노래를 감상합니다. 노래가 끝나자, 공자의 제자인 자공과 자로에게 연주하는 사람이 누구냐고 묻습니다.

자로가 대답합니다. "노나라의 군자입니다." 어부가 "성씨는 어떻게 되고?"라 묻자, 자로는 "공가입니다." 다시 노인이 "무슨 일을 하는 사람인고?" 묻자, 이번에는 자공이 대답합니다. "우리 선생님은 본성이 충성과 믿음을 지키고 있으며, 몸은 어짊과 의로움을 실행하고, 예의와 음악을 꾸며 놓고, 인륜을 정해 놓았습니다. 위로는 임금께 충성을 다하고, 아래로는 모든 백성을 교화하여 천하를 이롭게 하려고 합니다. 이것이 선생님이 하시는 일입니다."

어부가 재차 묻습니다. 영토를 가지고 있는 임금이냐? 아닙니다. 제후나 임금을 보좌하는 사람이냐? 아닙니다. 그러자 어부는 빙긋이 웃으며 중얼거립니다. "어질기야 하겠지만 그 몸이 화를 면치 못하겠구나. 마음을 괴롭히고 몸을 지치게 하여 자신의 참모습을 위태롭게 하는구나. 아아! 그는 도에서 멀리도 떨어져 있구나!"

제자들 앞에서 선생을 낮게 평가하는 늙은 어부. 제자들은 이 사실을 공자에게 일러바칩니다. 공자는 어떻게 반응했을까요? 지금부터 공자와 어부의 대화가 본격적으로 시작되는데요. 일단 공자는 거문고를 밀쳐 놓고 일어나 "그는 성인(聖人)이다!"라고 말한 후 어부가 있는 곳으로 내려갑니다. 어부는 막 배를 띄우려는 참이었습니다. 공자는 노인을 보고 두 번 절하고 앞으로 나아갑니다. 지금부터 대화가 시작됩니다.

- 그대는 내게 무슨 볼일이라도 있습니까?
- 선생님께서 저에게 아직 하시지 못한 말씀이 있는 듯하여, 선생님의 말씀을 더 듣고 싶습니다. 선생님께서 말씀하시면 저는 배우겠습니다.
- 허허, 그대는 배우는 것을 무척 좋아하는군요.

공자는 어부에게 다시 두 번 절하고 말합니다.

- 저는 어려서부터 배우기를 좋아했는데 이제 예순아홉이 되었습니다. 그러나 아직 지극한 가르침을 듣지 못했습니다. 이제 마음을 비우고 선생님의 가르침을 기다립니다.

- 같은 종류가 어울리고, 같은 소리끼리 조화를 이루는 것이 천지자연의 도리이지요. 내가 터득한 도는 일단 미루어 두고 그대가 하는 일을 이야기해 봅시다. 그대가 하는 것은 사람의 일입니다. 천자로부터 서민에 이르기까지 모두 자신의 자리에서 바르게 서면 세상은 잘 다스려지지요. 반대로 제자리에서 벗어나면 큰 혼란이 생깁니다. 자신의 자리에 편안히 머물고, 서로의 자리를 넘보는 일이 없어야 합니다. 서민은 서민의 자리에, 대부는 대부의 자리에, 제후는 제후의 자리에 그리고 천자와 재상들은 그 자리에 있으면서 자신의 걱정거리를 해결하면 됩니다. 그런데 지금 그대는 위로는 임금이나 재상의 권력도 없고, 아래로는 대신이나 관리 같은 벼슬도 없는데도 멋대로 예악을 꾸미고, 인륜을 정하여 백성들을 교화하고 있으니 자신의 자리에서 벗어나 너무 쓸데없는 일을 벌이는 것 아닙니까?

(공자 묵묵히 듣고 있다.)

- 사람에게는 여덟 가지 악습이 있고, 네 가지 병폐가 있으니 이를 살피지 않으면 안 됩니다. 자기 일도 아닌데 분수도 모르고 나서서 하는 것, 누구도 거들떠보지 않는데 굳이 앞으로 나아가 말하는 것, 상대방의 생각에 맞추어 말하는 것, 옳고 그름을 가리지 않고 아부를 하는 것, 남의 나쁜 점만 말하기 좋아하여 중상모략하는 것, 남의 사귐을 단절하고 친한 사이를 떼어 놓는 것, 남을 속이고 거짓으로 칭찬하면서 자기가 싫어하는 사람을 구렁텅이에 빠트리는 것, 좋고 나쁨을 가리지 않고 양쪽 모두를 수용하는 듯하면서 자기가 원하는 것을 몰래 훔쳐 가는 것, 이것이 여덟 가지 악습입니다. 이런 악습을 행하는 사람을 군자들은 벗하지 않고, 명철한 임금은 신하로 삼지 않습니다.

(공자 말없이 듣고 있다.)

- 큰일을 처리하는 것을 좋아하여 일상적인 원칙을 바꾸면서까지 자신만의 공명을 얻으려는 것, 오로지 자신의 지식만을 믿고 제멋대로 일 처리하여 남의 것을 빼앗아 자기 것으로 만들어 버리는 것, 잘못을 알고도 고치지 않고 충고를 들으면 오히려 더욱 심히 못되게 구는 것, 다른 사람이 자신에게 찬성하면 괜찮지만 자기에게 찬성하지

않으면 비록 좋은 것이라 하더라도 좋게 여기지 않는 것, 이것이 네 가지 병폐입니다. 이 모든 것을 버리고 행하지 않아야 비로소 그대를 가르칠 수 있을 것입니다.

- (공자는 탄식하며) 저는 노나라에서 두 번이나 쫓겨나고, 위나라에서도 추방당하고, 송나라에서는 나무를 베어 넘겨 저를 죽이려 하였고, 진나라와 채나라 사이에서는 포위를 당했습니다. 저는 제가 잘못한 것을 알지 못하겠는데 이러한 네 가지 고통을 겪었던 것은 어찌해서입니까?

- (어부 슬픈 표정을 지으며) 그대는 정말 깨우칠 줄을 모르시는군요. 어떤 사람이 자기 그림자가 두렵고 자기 발자국이 싫어서 이것들을 떠나 달아나려 하였는데, 발을 빨리 놀릴수록 발자국은 더욱 많아졌고, 아무리 빨리 뛰어도 그림자는 그의 몸을 떠나지 않았다 합니다. 그래도 그 자신은 아직도 느리게 뛰기 때문이라 생각하고, 쉬지 않고 질주하다가 결국에는 힘이 다해 죽고 말았다 합니다. 그는 그늘 속에 쉬면 그림자가 사라지고, 고요히 있으면 발자국이 생기지 않는다는 것을 알지 못했던 것입니다. 어리석음이 지나쳤던 것입니다.

그런데 그대는 어짊과 의로움의 뜻을 자세히 알고 있고,

사리가 같고 다른 한계를 잘 살피고 있고, 움직이고 고요히 있는 변화를 잘 관찰하고 있고, 받고 주는 정도를 적절히 할 줄 알고, 좋아하고 싫어하는 감정을 잘 다스릴 줄 알고, 기쁨과 노여움의 절도를 조화시킬 줄 알지만 아무리 애를 써도 화를 면할 수는 없을 것입니다. 자기 몸을 삼가 닦고 그 진실함을 신중히 지켜 명예 같은 외물은 사람들에게 되돌려주면 아무런 환란도 없을 것입니다. 지금 몸을 닦지 않고서 남에게 그 이유를 묻고 있으니 이것은 사실을 벗어나는 것이 아니겠습니까?

- 무엇이 진실함입니까?

- 진실함이라 정성이 지극한 것입니다. 정성스럽지 못하면 남을 움직일 수가 없습니다. 억지로 곡하면 슬픔이 느껴지지 않습니다. 억지로 화내면 위압을 주지 못합니다. 억지로 친한 척하면 친근함이 느껴지지 않습니다. 반대로 진실로 슬픈 사람은 소리를 내지 않아도 슬프게 느껴집니다. 진실로 노한 사람은 성내지 않아도 위압이 느껴집니다. 진실로 친한 사람은 웃지 않아도 친근하게 느껴집니다. 진실함이 속마음에 있는 사람은 그 마음이 밖으로 나타납니다. 그래서 진실함이 귀중한 것입니다.

그런데 그대가 가르치는 예의라는 것은 세속적인 행동의

기준입니다. 진실함이란 것은 하늘로부터 타고난 것입니다. 타고난 것을 변경할 수 없습니다. 그러므로 성인은 하늘을 법도로 삼고 진실함을 귀중히 여기며 세속에 구애받지 않습니다. 어리석은 사람들은 이와 반대입니다. 하늘을 법도로 삼지 못하고 사람의 일에 얽매여 고생합니다. 진실함을 귀중히 할 줄 모르고 세상일에 따라서 세속과 함께 변화하기 때문에 언제나 만족하지 못합니다. 그대가 일찍이 인위적인 학문에 빠져 하늘의 위대한 도에 대하여 늦게 듣게 된 것이 안타까울 따름입니다.

자, 중요한 이야기는 끝났습니다. 공자는 그의 제자가 되고자 했으나 어부는 허락하지 않습니다. 더 노력하라는 당부만 남긴 채 배를 띄어 갈대밭으로 사라져 갑니다. 공자는 망연자실하여 사라진 곳을 바라볼 뿐입니다.

대화를 들으니 어떻습니까? 말년의 공자는 노나라로 돌아왔지만 그가 나라를 위해서 할 일은 없었습니다. 공자는 고향으로 돌아가 제자들과 자신의 가르침을 정리하며 살았습니다. 세상을 아름답게 바꿔 보겠다는 소망도, 정의로운 나라를 만들겠다는 포부도 이루지 못했습니다. 그렇게 말년을 지내다가 72세의 나이에 세상을 떠납니다. 이 대화는 그가 세상을 떠나기 3년 전에 나눈 것으로 되어 있습니다. 공자가 진실로 이러한 대화를 나눴는지는 알 수 없지만, 장자는 공자를 사랑하여 이 대화를 남겨 놓았습니다.

늙은 어부가 지적한 여덟 가지 악습과 네 가지 병폐를 들으며 공자는 어떤 생각을 했을까요? 마음속에 아픔으로 남았을까요? 돌이켜 반성할 과제가 되었을까요? 오늘날 우리 주변에서도 흔히 볼 수 있는 이 악습과 병폐를 없애는 방법으로 어부는 진실함을 말합니다. 세속에 구애받지 않는 진실함을 간직하라고 당부합니다. 억지가 아닌 진실함. 이 진실함을 속마음에 간직하고 살아가야겠습니다. 그림자에서 벗어나려 질주하는 삶이 아니라 그늘 밑에서 쉬는 삶이 참으로 간절한 시대입니다.

인정 욕구에 사로잡힌 자들에게

– 32편 〈열어구 列禦寇〉

기교가 많은 사람은 수고로울 것이며 아는 것이 많은 사람은

걱정이 많은 법이다. [巧者勞而知者憂]

능력이 없는 자는 오히려 추구하는 것이 없을 것이니.

[無能者無所求]

배불리 먹고 유유히 노닐다가 [飽食而敖遊]

매어 있지 않는 배처럼 두둥실 떠다니고 [汎若不繫之舟]

마음을 텅 비워 무심히 소요하게 될 것이다. [虛而敖遊者也]

32편의 제목이 〈열어구〉라 하여 열자(열어구를 높여 부르

는 말)의 이야기가 많을 것 같지만, 사실 열자의 이야기는 처음에만 등장할 뿐, 오히려 공자나 장자의 이야기가 많이 있습니다. 열여덟 조각의 단편들이라 하나의 이야기로 묶이지 않습니다. 하지만 전체를 통하는 주제 의식은 있습니다. 지위나 권력이나 지식을 통하여 자신을 드러내려는 사람들, 다른 사람들에게 인정받으려 하는 사람들은 결국 그로 인해 곤경에 처하게 된다는 것입니다. 낮은 곳에서 떨어지면 크게 다치지 않지만, 높은 곳에서 떨어지면 위태롭게 되는 것과 마찬가지입니다. 자신이 가지고 있다고 생각하는 것이 자신을 더욱 괴롭힐 수 있습니다. 많은 등장인물 중 세 사람만 골랐습니다.

열어구 이야기

열자가 제나라로 가다 말고 다시 돌아옵니다. 돌아오는 길에 스승인 백혼무인을 만납니다. 스승이 왜 돌아오느냐고 묻자, 제나라로 가는 길에 열 집 정도 주막에 들러 식사를 했는데 돈을 내기도 전에 식사를 대접하여 놀라서 돌아왔다는 겁니다. 그게 무슨 문제냐고 묻자, "그것은 제 속마음에 감춰진 빛[成光]이 아직 조절이 안 되어 밖으로 드러나 빛을 이룸으로써 이를 본 사람의 마음을 위압

했기 때문입니다. 위압을 느낀 사람이 노인보다 저에게 먼저 대접을 했습니다. 이는 저로 인해 노인을 가볍게 여기고 공경하지 않게 한 것이니, 제 자신의 환난을 기르는 것과 마찬가지입니다. 특히 주막의 주인이란 다만 음식을 팔아 이익을 도모하는 사람들이며, 그 이익 또한 보잘것없고 권한도 작습니다. 그런데도 저를 그처럼 대했으니 하물며 만승의 군주야 더 말할 것이 있겠습니까! 그의 몸은 나라를 위해 애쓰고 있고, 그의 정신은 정사를 처리하는 데 다 쓰고 있습니다. 아마 제가 가면, 그는 제게 나랏일을 맡기고 공을 세우기를 바랄 것입니다. 그래서 놀랐다는 것입니다."

스승은 열자를 칭찬하며, 그렇게 조심스럽게 처신하면 사람들이 그를 따를 것이라 말합니다. 얼마 후 스승이 열자의 집에 가 보니 문밖에 신발이 가득합니다. 스승이 이 모습을 보고 지팡이에 턱을 괸 채 말없이 한참 있다가 그대로 나왔습니다. 문지기가 이 사실을 열자에게 알렸습니다. 열자는 신도 신지 못하고 맨발로 문간까지 뛰어나옵니다. "선생님, 모처럼 오셨는데 그냥 가세요? 제가 무슨 잘못이라도 했나요? 말씀해 주십시오."

스승은 열자를 물끄러미 바라보다 말합니다. "그만두거라. 사람들이 너를 따를 것이라 말했다만, 도리어 사람들은 너를 따르지 않는 것이다. 너를 따랐다면 너를 찾는 행위 따위는 하지 않았을 테니. 사람들이 너를 찾아온 것은 네가 사람들에게 감동을 주었다는 말인데, 사람에게 감동을 주려면 네 본성을 뒤흔들어야 할 것이니, 내 가르침이 무의미해졌구나. 너와 어울리는 자들은 쓸모없는 말로 다른 사람을 해칠 것이다. 남을 깨우쳐 주지도 못하고 스스로도 깨닫지 못하는 자들과 어찌 터놓고 사귀겠느냐? 기교가 많은 자는 수고로울 것이며, 아는 것이 많은 자는 걱정이 많은 법이다. 능력이 없는 자는 오히려 추구하는 것이 없을 것이니, 배불리 먹고 유유히 노닐다가 매어 있지 않은 배처럼 두둥실 떠다니고 마음을 텅 비워 무심히 소요하게 될 것이다."

자신의 드러내고 싶은 마음을 잘 감춰서 칭찬을 받더니, 계속 잘 감추지 않고 드러내어 사람들에게 알리는 어리석은 열자. 그래서 잘 감추라는 말만 배우는 사람들. 스승이 보기에는 도긴개긴이었을 것입니다. 아직도 멀고 먼 열어구!

공자 이야기

노나라 애공이 안합에게 공자를 대신으로 삼고 싶은데 어떠냐고 물었습니다. 안합은 반대합니다. 이유인즉, "위태롭고 위험한 일입니다. 공자는 지금 새의 깃으로 장식을 하고도 채색을 더 하는 짓을 하고 있고, 화려한 말을 늘어놓는 일에 종사하고 있으며, 지엽적인 것들로 중심을 삼고 있습니다. 그가 가르치면 백성의 본성을 왜곡하여, 정신을 움직이지 못하게 할 것입니다. 이런 자를 어찌 백성 위에 세우겠습니까?"

공자 시대에 공자를 따르는 사람만큼이나 공자를 반대하는 사람도 많았습니다. 이유야 어찌 되었든 공자는 살면서 대신으로 중용되지 못하고, 계속 세상을 떠돌아야 했지요. 세상을 떠돌다 보니 사람 보는 능력도 생겼나 봅니다. 속 다르고 겉 다른 것이 인간인지라 사람을 쉽게 판단할 수는 없지요. 공자가 제안하는 사람 판단하는 법 아홉 가지를 소개합니다.

1. 사람을 멀리 놓고 부리면서 그의 충성됨을 살피라.
2. 사람을 가까이 놓고 부리면서 그의 공경함을 살피라.
3. 그에게 번거로운 일을 시키고서 그의 능력을 살피라.

4. 갑자기 질문함으로써 그의 지혜를 살피라.

5. 급작스럽게 그와 약속을 함으로써 그의 신용을 살피라.

6. 재물을 그에게 맡김으로써 그의 어짊을 살피라.

7. 그에게 위태로움을 얘기해 줌으로써 그의 절개와 의리를 살피라.

8. 그를 술에 취하게 함으로써 그의 법도를 살피라.

9. 남녀가 섞여 지내게 함으로써 그의 호색한 정도를 살피라.

마치 정치가의 자질을 테스트하여 등급을 매기거나 컷오프시킬 수도 있는 리스트 같아 재미납니다.

장자 이야기

〈열어구〉 편에서는 장자 주변에서 부유함을 자랑하는 사람에게 장자가 어떻게 응수하는지 볼 수 있습니다. 송나라 조상이 진나라에 사신으로 다녀와서 받아 온 백 채의 수레를 자랑했습니다. 장자는 말합니다. "진나라 임금이 병이 나서 의원을 불렀습니다. 종기를 째고 고름을 짜 주는 자에게는 수레 한 채를 내렸습니다. 고름을 빠는 자에게는 수레 다섯 채를 내렸습니다. 그리고 치료하는 방법이 천하면 천할수록 내려지는 수레는 더욱 많았습니다. 당신은 그의 치질을 핥아 고쳐 주었습니까? 어찌 그토록 많은 수레를 받았습니까? 그만 가시지요."

이번에는 어떤 사람이 송나라 임금에게 수레 열 채를 받았습니다. 이를 장자에게 자랑하자, 장자가 옛날이야기를 하듯 말합니다. "황하강 강가에 아주 가난한 집이 있었습니다. 하루는 그 집 아들이 깊은 물에 잠수하여 천금의 진주를 얻었습니다. 이를 아버지에게 보여 주자, 아버지는 펄쩍 뛰며 진주를 깨뜨려 버리라고 말합니다. 왜냐? 그 진주는 검은 용의 턱밑에 있는 것인데 용이 잠자고 있는 사이에 아들이 주워 온 것이지요. 만약에 검은 용이 잠을 자지 않았다면 아들은 용에게 잡아먹혀 죽고 말았을 것입니다." 자랑하던 사람이 무슨 말인지 몰라 고개를 갸우뚱하자, "그 검은 용이 바로 송나라 왕입니다. 왕이 정신을 차리면 당신은 가루가 될 것입니다." (아, 장자의 유머라니.)

그 외에도 장자가 초빙을 거절한 이야기도 있지만 가장 따르고픈 이야기는 장자의 장례 이야기입니다. 장자가 죽음에 이르자, 제자들은 장례를 성대하게 치르고자 합니다. 하지만 장자는 이를 만류하고 자신을 매장도 하지 말고 풍장을 요청합니다. 제자들은 까마귀나 솔개가 뜯어먹을까 두렵다고 했더니, 장자 왈 "위쪽에 놓아두면 까마귀와 솔개가 먹을 것이고, 아래쪽에 묻으면 개미들이 먹을 것이다. 너희들의 말은 윗것들이 먹는다고 그것을 빼앗아 아랫것들에게 주라는 것이냐? 어찌하여 그리 편벽되게 생각을 하는 것이냐?"

죽을 때까지 유머 감각을 놓지 않는 장자의 경지에 혀를 내두를 지경입니다. 자신의 마음뿐 아니라 몸조차도 비울 수 있을 만큼 장자는 자유롭게 노닐며 텅 빈 상태가 되었습니다. 잘 살다가 잘 돌아갑니다. 나도 그를 따르고 싶습니다.

마이너리티의 대항연

- 33편 〈천하天下〉

그는 아득한 이론에 [以謬悠之說]

황당무계한 말과 [荒唐之言]

종잡을 데 없는 말로 이를 논했다. [無端崖之辭]

때때로 자기 멋대로 논했지만 치우치는 일이 없었고,

[時恣縱而不儻]

한 가지에만 적용된 견해를 가지고 주장하지 않았다.

[不以觭見之也]

〈천하〉라는 제목이 달려 있는 이 편은 장자 자신을 포함하여 당대 사상가들에 대한 논평 모음집입니다. 그런데 당대 사상가 전체를 포괄하고 있지는 않습니다. 당대에 가장 영향력을 행사한 법가(法家)에 대해서는 한 사람도 언급이 없고요. 유가(儒家) 사상가도 등장하지 않습니다. 부국강병(富國强兵)을 원했던 당대 권력자들의 입맛에 맞는 친권력형 사상가들은 대거 빠져 있구요. 소위 야당이나 재야에 해당하는 사상가들에 대한 논평이 대부분입니다.

모두를 사랑하라는 겸애설(兼愛說)을 주장했던 묵가를 포함하여, 만민 평등과 전쟁 반대, 무욕과 자족을 주장했던 송견과 윤문, 팽몽, 전병, 신도 등 동양철학을 공부하는 사람들도 잘 모르는 사상가들이 대거 등장합니다. 자신의 뿌리라 할 수 있는 노담(노자)과 관윤 그리고 장자 자신에 대해서도 논평하고 있는 모습을 보면 재밌습니다. 그렇게 하고 끝날 법한데 자신의 가장 친한 친구가 속해 있는 명가(名家, 당대의 논리학자)에 대해서도 정성스럽게 논평하고 있네요. 그래서 우리는 혜시, 환단, 공손룡에 대해서도 알 수 있게 됩니다. 하나같이 민중 지향적이거나 마이너리티에 해당하는 사람들입니다. 그러니까 〈천하〉라

는 이름을 쓰고 있지만, 천하의 맨 끝, 사상의 국경 지대
에서 활약했던 사상가들에 대한 논평입니다.

글의 시작은 창대합니다. 모든 사상은 하나인 도(道)로부
터 나왔다고 선언합니다. 우주와 만물의 생성과 변화, 소
멸이 모두 도와 관련되어 있습니다. 이 도는 없는 곳이 없
습니다. 그리고 도술(道術)이 담겨 있는 책으로 시(詩), 서
(書), 예(禮), 악(樂), 역(易), 춘추(春秋)를 꼽습니다. 시에서
는 뜻을, 서에서는 일을, 예에서는 행동을, 악에서는 조화
를, 역에서는 음양의 변화를, 춘추에서는 명분을 다루고
있지요. 그런데 도(道)의 일면만을 터득하고 만족하는 왜
곡된 사상가들이 등장하면서 백가(百家)가 등장한다고,
백가의 등장 배경을 설명합니다. 이른바 백가쟁명(百家爭
鳴)의 시대지요. 통합적이고 전체적이고 유기적인 도술(道
術)이 아니라 한쪽에 치우친 방술(方術)이 퍼져 나가면서
세상은 사상적으로 어지러워집니다. 장자는 이들 중에서
자신이 관심 있는 사람들만 논평합니다.

전체를 다 설명할 수는 없으니, 최종적인 논평을 짧게 소
개하겠습니다.

먼저 묵가(墨家)는 차별 없이 사랑하라 말했지만, 이러한 요청은 당대 사정에도, 사람의 인정에도 맞지 않기 때문에 실행하기도 어렵고 왕이 따르기도 힘들다고 말합니다. 그렇지만 그렇게 야박하게 끝내기는 아쉬웠는지 이렇게 마지막에 덧붙입니다. "묵자는 진실로 천하를 사랑하기는 했다. 올바른 도를 구하여 얻지 못한다면 비록 몸이 깡마르게 되는 한이 있다 해도 그만두지 않을 사람이다. 그가 재사(才士)임에는 틀림이 없다."

다음으로 만민 평등과 전쟁 반대, 무욕과 자족을 실천했던 송견과 윤문에 대해서는 "서로 친숙하고 조화로운 세상을 만들기 위해 정욕을 적게 갖는 것을 중심 사상으로 삼았고, 모욕을 당해도 치욕이라 여기지 않았고, 백성들 사이에서 싸움을 없애려고 했다. 공격을 금하고 무기를 없앰으로 세상의 전쟁을 없애려고 했다." 사람들은 이러한 주장을 받아들이지 않았지만 쉬지 않고 선전 선동을 했다고 합니다. 비록 그러하지만, "그들은 지나칠 정도로 남을 위하며, 자신을 위하려는 생각은 아주 적었다."라고 따뜻한 논평을 합니다. 오늘날로 치면 세계 평화를 위해 열성적으로 헌신하는 운동가들이 떠오릅니다.

자신의 지적 뿌리에 해당하는 노자와 관윤에 대해서는 이렇게 논평합니다. "사람들이 모두 남의 앞에 서려고 할 때, 그는 홀로 남의 뒤에 서려고 했다. …사람들은 모두 실속 있는 것을 추구하는데 그 홀로 텅 빈 것을 추구했다. 그는 저장하는 것이 없으므로 언제나 남음이 있었다. 홀로 자립하여 여유가 있었던 것이다. 그는 행동함에 있어서 더디고도 힘을 낭비하지 않았다. 무위하면서 사람들의 기교를 비웃었다. 그는 심원함을 근본으로 삼고 간략함을 대강(大綱, 큰 강령)으로 삼았다. …그는 언제나 외물을 너그럽게 포용하였고, 남을 깎아내리지 않았다. 그러니 도의 극치에 이른 것이라 말할 수 있다. 관윤과 노담은 옛날의 위대한 진인(眞人)이었다." 글을 쓰는 동안 존경과 사랑의 꿀이 뚝뚝 떨어집니다.

장자의 평을 인용하기보다는 장자에 대한 나의 평으로 대신할까 합니다. (장자의 자평도 재밌으니 궁금하시면 찾아보시길.)

장자의 말에는 유머가 있습니다. 상대방을 비꼬더라도 마음을 상하게 하지는 않습니다. 우화 형식의 말로 비유하여 자신의 생각을 돌려 말했습니다. 장자 읽기의 재미는 여기에 있습니다. 상대방이 생각하지 못한 지점을 툭 치고 넘어갑니다. 상대방이 작은 틀에 갇혀 있을 때 푸른 하늘을 보여 주었습니다. 자신의 처지를 한탄하는 어항 속 물고기가 아니라, 새로 변신하여 창공을 날아오르는 방법을 보여 주었습니다. 인간의 관점을 뛰어넘어 하늘의 관점으로 생각해 보려 했고, 죽음과 삶의 경계선을 지우고 자유롭게 넘나드는 방법을 탐구했습니다. 비극적 삶의 조건 속에서 희극적 삶의 태도를 견지했습니다. 그는 고대판 찰리 채플린이었습니다.

세상에서 말 잘하는 것이라면 누구도 지지 않을 혜시라는 친구를 곁에 두었습니다. 만나기만 하면 서로 논쟁하고 서로를 비꼬았지만, 그로 인해 우정이 깨지지 않았습니다. 혜시의 논리를 유머로 넘어섰습니다. 결국 혜시도 털털 웃을 수밖에 없었습니다. 말장난의 대가 혜시와 유머의 대가 장자는 그렇게 궁합이 맞았습니다.

장자는 혜시나 공손룡으로 대변되는 변사들을 싫어하지 않았습니다. 그들이야말로 상식의 파괴자, 논리의 이단자들이었습니다. 그들은 검은 것과 흰 것을 구분하지 않고 흰 속에 검음이 있고 검음 속에 흼이 있다고 말했습니다.

그들 덕분에 고집스러운 이원론자들은 당황했고, 그들의 궤변에 사람들은 속아 넘어갔습니다. 권력이 있는 자들은 권력에 공백이 생기고, 논리를 잘하는 자들은 논리에 허점이 드러났습니다. 경직된 세상이 그들로 인해 조금은 숨통이 트일 수 있었습니다.

하지만 장자는 그들의 논리에 굴복하지 않았습니다. 논리로는 가닿을 수 없는 천지의 도(道)를 즐겨 논리의 위태로움에서 벗어났습니다. 말로 상대방을 굴복시키려 하지 않고 천지의 도로 상대방을 감동시키려 했습니다. 말과 행동이 어긋나지 않고, 말만을 앞장세워 자신을 드러내려 하지 않았습니다.

마지막으로 장자가 친구 혜시에 대해 안타까워하는 대목을 인용합니다. "아깝다! 혜시는 그런 재능을 가지고도 방탕하게 행동하여 참된 도를 터득하지 못하였고, 만물을 뒤쫓음으로써 자기 본성으로 되돌아갈 줄을 모르고 있다. 이것은 울림이 나오는 곳을 찾으려고 소리를 지르는 것이나, 자기 몸과 그림자를 경주시키는 것이나 같은 것이다."

마치 친구에게 "너는 재능은 많았는데, 세상일 쫓아다니고 논평하느라 너무나 바쁘게 살았구나. 마치 그림자를 떼어 놓으려고 그림자와 달리기 시합을 한 것처럼 말이야. 그럴 때는 차라리 그늘에 들어가 앉아 쉬었다면 그림자도 없어지고 너도 편했을 텐데. 왜 그렇게 바쁘게 살았나 몰라. 안 그래, 친구야?"라고 말하는 것 같지 않나요?

저는 〈천하〉 편을 우정의 글쓰기라고 말하고 싶습니다. 같은 시대에 살았지만 제대로 평가받지 못한 마이너리티 사상가에 대한 우정 말입니다. 제가 여태까지 쓴 글도 같은 시대를 살아가는 독자에 대한 우정의 글쓰기라고 생각했으면 좋겠습니다. 긴 글 끝까지 읽어 주셔서 고맙습니다. 장자 안에서, 평화와 평안을 누리길 바랍니다. 안녕!

장자를 거닐다

-가파도에서 만난 고전의 지혜 33편

초판 1쇄	2024년 9월 10일
글쓴이	김경윤
펴낸곳	도서출판 단비
펴낸이	김준연
편집	이혜숙
디자인	김선미
출판등록	2003년 3월 24일(제2012-000149호)
주소	경기도 고양시 일산서구 고양대로 724-17, 304동 2503호
	(일산동, 산들마을)
전화	02-322-0268
팩스	02-322-0271
전자우편	rainwelcome@hanmail.net

ISBN 979-11-6350-122-0 03150
책값 13,000원